基 础 教 育 教 学 指 导 丛 书

丛书主编　关松林

高 中 学 科 教 学 指 导 系 列

高中地理教学指导

Gaozhong Dili Jiaoxue Zhidao

基础教育教学研究课题组　编

高等教育出版社·北京

内容提要

本书将《普通高中地理课程标准（实验）》的教育理念和基本要求转变为具体的教学策略和方法，用于指导教学实践。全书包括五个部分：课程理念与课程目标，课程内容与课程安排，教学实施建议，教学设计与教学案例，教学评价建议。本书以案例为载体，理论与实践相结合，对高中地理课程内容和教学设计进行了深入浅出的探讨和分析，并提供有针对性的指导。

本书可作为高中地理教师的培训教材，也可供中学地理教育研究者参考使用。

图书在版编目(CIP)数据

高中地理教学指导／基础教育教学研究课题组编.
--北京:高等教育出版社,2015.3
(基础教育教学指导丛书／关松林主编)
ISBN 978-7-04-042127-9

Ⅰ.①高… Ⅱ.①基… Ⅲ.①中学地理课-高中-教学参考资料 Ⅳ.①G633.553

中国版本图书馆CIP数据核字(2015)第028625号

策划编辑　王文颖　　责任编辑　王文颖　　封面设计　李小璐　　版式设计　王艳红
插图绘制　邓　超　　责任校对　刘丽娴　　责任印制　张福涛

出版发行　高等教育出版社
社　　址　北京市西城区德外大街4号
邮政编码　100120
印　　刷　北京市鑫霸印务有限公司
开　　本　787mm×960mm　1/16
印　　张　7.25
字　　数　110千字
购书热线　010-58581118
咨询电话　400-810-0598
网　　址　http://www.hep.edu.cn
　　　　　http://www.hep.com.cn
网上订购　http://www.landraco.com
　　　　　http://www.landraco.com.cn
版　　次　2015年3月第1版
印　　次　2015年3月第1次印刷
定　　价　15.00元

物 料 号　42127-00

基础教育教学指导丛书编委会

本册主编： 孟庆欣　刘　莉

执行主编： 孙利平

编　　者： 王俊梅　马云鹏　刘学文　刘　胜　孙　让　齐广山　庄朝晖　沈　鹏　金建辉　柳　青　唐立新　黄立峰　程　岩　韩金荣　薄立强　鞠文革

序

深入开展课程教学研究，把课程标准的精神实质、教育理念和基本要求转化为具体的教学策略和方法，落实到中小学、幼儿园的教学实践中，是课程改革系统工程的重要组成部分。对于有效落实国家课程方案，促进教育公平，提高课堂效率，减轻中小学过重的课业负担，促进基础教育内涵发展，具有十分重要的意义。

经过十几年的教育实践探索，课程改革已取得显著成效，具有中国特色、反映时代精神、体现素质教育理念的基础教育课程体系初步建立，各学科课程标准得到中小学教师的广泛认同，教师的教学方式和学生的学习方式都发生了深刻的变化。课程改革的着力点在质量，落脚点在课堂，核心是课堂教学。因此，深入开展课程教学研究，总结教学规律，将课程改革所倡导的教学理念、教学形式、教学内容、教学手段、师生关系转化为教师的教学行为，落实到课堂教学中，体现在教育教学质量上，是广大中小学、幼儿园教师面临的共同课题。

"基础教育教学指导丛书"依据课程标准，着眼于教育教学，紧密联系中小学、幼儿园实际，针对教育教学中遇到的问题，给出了具体的解决方案及实施策略。它是联系课程标准与学科教材的纽带，是课程标准的细化和具体化，是对学科教学规律和教学经验的总结和梳理。对于深化课堂教学改革、规范办学行为、实现减负增效、推进内涵发展具有重要的指导作用；对于提升教师的学科知识素养、增强教师的教育智慧、提高教育教学质量具有现实意义。其突出特点主要表现在：一是体现学科特色；二是结合教学实际；三是注重实证研究；四是突出示范指导。

"基础教育教学指导丛书"分为五个系列：幼儿园教育活动指导系列、小学学科教学指导系列、初中学科教学指导系列、普通高中学科教学指导系列、民族及特殊教育教学指导系列。每个系列又根据本学段的要求按学科或领域进行分册编写，系统完整，内容丰富，既有教育理论的研究，又有教学实践的探索；既有学科知识规律的梳理，又有学段教学经验的呈现，涉及基础教育的各个方面，广泛适用于中小学、幼儿园教师和学校（幼儿园）管理者培训和研读。

“基础教育教学指导丛书”由经验丰富的教研员和一线优秀教师团队共同编写，是基础教育教学研究课题组多年研究与实践的成果。尽管在写作前期做了大量的调查研究，也分析和借鉴了已有的研究成果，但是，由于编者的能力和水平所限，加之一些客观条件的限制，有不当之处敬请读者批评指正。

关松林

沈阳师范大学副校长

辽宁省基础教育教研培训中心主任

辽宁教育行政学院副院长

教授、博士生导师

2014年5月于沈阳

目　录

第一部分

课程理念与课程目标

一、课程性质

地理学是研究地理环境以及人类活动与地理环境相互关系的科学。它具有两个显著特点:第一,综合性。地理环境由大气圈、水圈、岩石圈、生物圈等圈层构成,是地球表层各种自然要素、人文要素有机结合而成的复杂系统。地理学兼有自然科学性质与社会科学性质。第二,地域性。地理学不仅研究地理事物的空间分布和空间结构,而且阐明地理事物的空间差异和空间联系,并致力于揭示地理事物空间运动、空间变化的规律。地理学在现代科学体系中占有重要地位,在解决当代人口、资源、环境和发展等问题中具有重要作用。

高中地理课程与九年义务教育阶段地理课程相衔接,是高中阶段学生学习地球科学、认识人类活动与地理环境的关系、进一步掌握地理学习和地理研究方法、树立可持续发展观念的一门基础课程,跨"人文与社会"和"科学"两个学习领域,由必修课程与选修课程组成。

二、课程的基本理念

(1) 培养现代公民必备的地理素养。建立具有时代性和基础性的高中地理课程,提供未来公民必备的地理知识,增强学生的地理学习能力和生存能力。关注人口、资源、环境和区域发展等问题,以利于学生正确认识人地关系,形成可持续发展的观念,珍爱地球,善待环境。

(2) 满足学生不同的地理学习需要。建立富有多样性、选择性的高中地理课程,满足学习探索自然奥秘、认识生活环境、掌握现代地理科学技术方法等不同学习的需要。

(3) 重视对地理问题的探索。倡导自主学习、合作学习和探究学习,开展地理观测、地理考察、地理实验、地理调查和地理专题研究等实践活动。

(4) 强调信息技术在地理学习中的应用。充分考虑信息技术对地理教学的影响,营造有利于学生形成地理信息意识和能力的教学环境。

(5) 注重学习过程评价和学习结果评价的结合。重视反映学生发展状况的过程性评价,实现评价目标多元化、评价手段多样化,强调形成性评价与终结性评价相结合、定性评价与定量评价相结合。

三、课程目标

(一) 总体目标

高中地理课程的总体目标是要求学生初步掌握地理基本知识和基本原理:获得地理基本技能,发展地理思维能力,初步掌握学习和探究地理问题的基本方法和技术手段;增强爱国主义情感,树立科学的人口观、资源观、环境观和可持续发展观念。

课程目标从知识与技能、过程与方法、情感态度与价值观三个维度来表述,这三个维度在实施过程中是一个有机的整体。

1. 知识与技能

(1) 获得地球和宇宙环境的基础知识;理解人类赖以生存的自然地理环境的主要特征,以及自然地理环境各要素间的相互关系。

(2) 了解人类活动对地理环境的影响,理解人文地理环境的形成和特点;认识可持续发展的意义及主要途径。

（3）认识区域差异，了解区域可持续发展面临的主要问题和解决途径。

（4）学会独立或合作进行地理观测、地理实验、地理调查；掌握阅读、分析、运用地理图表和地理数据的技能。

2. 过程与方法

（1）初步学会通过多种途径、运用多种手段搜集地理信息，尝试运用所学的地理知识和技能对地理信息进行整理、分析，并把地理信息运用于地理学习过程。

（2）尝试从学习和生活中发现地理问题，提出探究方案，与他人合作，开展调查研究，提出解决问题的对策。

（3）运用适当的方法和手段，表达、交流、反思自己地理学习和探究的体会、见解和成果。

3. 情感态度与价值观

（1）激发探究地理问题的兴趣和动机，养成求真、求实的科学态度，提高地理审美情趣。

（2）关心我国的基本地理国情，关注我国环境与发展的现状与趋势，增强热爱祖国、热爱家乡的情感。

（3）了解全球的环境与发展问题，理解国际合作的价值，形成正确的全球意识。

（4）增强对资源、环境的保护意识和法制意识，形成可持续发展观念，增强关心和爱护环境的社会责任感，养成良好的行为习惯。

（二）具体目标

1. 必修课程目标

地理 1

知识与技能：了解宇宙中的地球、自然环境中的物质运动和能量交换、自然环境的整体性和差异性、自然环境对人类活动的影响等方面的基础知识，理解人类赖以生存的自然地理环境的主要特征，以及自然地理环境各要素之间的相互关系。

过程与方法：学会通过多种途径、运用多种手段收集地理信息，尝试运用所学的地理知识和技能对地理信息进行整理、分析，并把地理信息运用于地理学习过程。

情感态度与价值观：激发探究地理问题的兴趣和动机，养成求真、求实的科学态度，提高地理审美情趣。

地理 2

知识与技能：了解人口与城市、生产活动与地域联系、人类与地理环境的协调发展等方面的基础知识。

过程与方法：初步学会分析农业区位因素、工业区位因素、交通运输方式和布局的变化对聚落空间形态和商业网点布局的影响等。

情感态度与价值观：领悟走可持续发展之路是人类的必然选择；认识在可持续发展过程中，个人应具备的态度和责任。

地理 3

知识与技能：了解区域地理环境与人类活动、区域可持续发展、地理信息技术的应用等方面的基础知识。

过程与方法：加深对区域的认识，初步学会对典型区域进行案例分析，如某个自然地理区域、工业区域、农业区域等，并且能够对熟悉的区域提出问题和解决问题。

情感态度与价值观：结合知识基础和生活实际，借助对典型区域的分析，培养学习地理的兴趣，在头脑中逐步建立起区域的概念；充分认识区域开发活动应当控制在合理的限度之内，人类必须尊重自然规律，按照经济规律办事，人口、资源、环境与发展之间必须谋求协调和良性循环。

2. 选修课程目标

选修 1

宇宙与地球：了解宇宙、太阳系和地月系、地球的演化、地表形态的变化等方面的基础知识，产生对自然的好奇心及探索精神，形成科学的宇宙观。

选修 2

海洋地理：了解海洋和海岸带、海洋开发、海洋环境问题与保护、海洋权益等方面的基础知识，产生对海洋的好奇心及探索精神，形成正确的海洋观；理解海—气、海—陆的相互作用，理解海洋与人类活动的关系。

选修3

旅游地理:了解旅游资源的类型与分布、旅游资源的综合评价、旅游规划与旅游活动的设计、旅游与区域发展等方面的基础知识,初步了解旅游景区的形成与演化史,了解有关旅游的知识和旅游对区域发展的影响。

选修4

城乡规划:了解城乡发展与城市化、城乡分布、城乡规划、城乡建设与生活环境等方面的基础知识,关注城乡的发展和规划,关注人居环境及其改善。

选修5

自然灾害与防治:了解主要自然灾害的类型与分布、我国的主要自然灾害、自然灾害与环境、防灾与减灾等方面的基础知识,深化对人地关系的认识;了解典型自然灾害的成因、发生过程、危害和防治。

选修6

环境保护:了解环境与环境问题、资源问题与资源的利用和保护、生态环境问题与生态环境保护、环境污染与防治等方面的基础知识;理解环境问题的成因、形成过程、影响和防治、保护措施。

选修7

地理信息技术应用:了解地理信息技术的发展、地图与遥感(RS)、全球定位系统(GPS)、地理信息系统(GIS)的基本原理和3S技术的综合应用知识,掌握地理信息技术的简单应用。

第二部分

课程内容与课程安排

一、课程结构

高中地理课程与九年义务教育地理课程相衔接，是高中阶段学生学习地球科学知识、认识人类活动与地理环境关系、进一步掌握地理学习和地理研究方法，树立可持续发展观念的一门基础课程，跨“人文与社会”和“科学”两个学习领域。

高中地理课程从兼顾社会生活、地理学科和学生发展这三个方面的因素出发，谋求基础性、时代性、选择性的互相统一和渗透整合，并力图将这一指导思想贯穿于整个高中地理课程设计、目标制定、内容选择、标准拟定、活动安排以及课堂教学方案设计和教学评价体系构建之中。

高中地理课程内容结构如图 2 – 1 所示。

高中地理课程共包含 10 个模块，其中“地理 1”“地理 2”“地理 3”3 个模块为共同必修模块；“宇宙与地球”“海洋地理”“旅游地理”“城乡规划”“自然灾害与防治”“环境保护”“地理信息技术应用”7 个模块为选修模块（图 2 – 1）。

在课程的必修与选修模块设置中，有以下基本思考：

（1）学生必须完成共同必修模块“地理 1”“地理 2”“地理 3”3 个模块的学习。每个模块获得 2 学分，共获得 6 学分。

（2）完成必修模块的学习后，学生可根据学习兴趣、能力发展倾向、国家高考方案以及学校的条件，从下列三个方案中选择一个方案修习（表 2 – 1）。

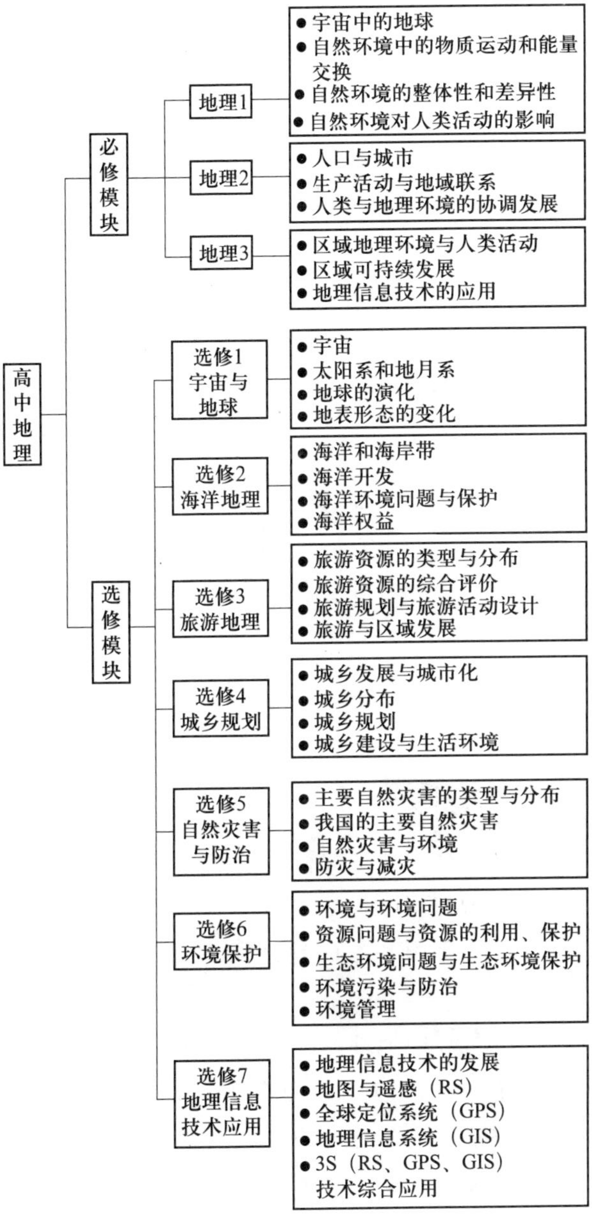

图 2－1　高中地理课程结构

表 2-1　必修模块完成后的选修学习方案

方案一	人文社会科学发展倾向的学生	必须从选修系列的 7 个模块中选择修习 2～3 个模块。每个模块获得 2 学分，获得 4～6 学分
方案二	理工科发展倾向的学生	鼓励有志于从事地学、环境、农林、水利、军事等相关专业的学生，从选修系列的 7 个模块中选择修习 1～2 个模块。每个模块获得 2 学分，获得 2～4 学分
方案三	综合发展倾向的学生（“大综合”高考）	有志于从事地学、环境、农林、水利、经济、管理、新闻、旅游、军事等相关专业的学生，可从选修系列的 7 个模块中选择修习 2 个模块。每个模块得 2 学分，获得 4 学分

二、课程模块说明

高中地理课程是基础教育地理课程体系的有机组成部分，注重与实际相结合，要求学生在梳理、分析事实的基础上，逐步学会运用基本的地理原理探究地理过程、地理成因以及地理规律。

高中地理的内容以可持续发展为指导思想，以人地关系为主线，以当前人类面临的人口、资源、环境、发展等问题为内容，以现代科学技术方法为支撑。面对学生将来无论直接走上工作岗位还是进入大学深造，高中地理课程的设计思路同样都是以培养公民现代文明素质为宗旨，全面体现地理课程的基本理念。

（1）高中地理必修课程的 3 个模块，涵盖了现代地理学的基本内容，体现了自然地理、人文地理和区域地理的联系与融合。必修课程的设计注意其结构的相对完整和教学内容的新颖、充实,使课程具有较强的基础性和时代性。

“地理1”以自然地理内容为主,包括地球的宇宙环境、地球的四大圈层、自然环境的整体性与差异性等内容,但又不拘泥于纯自然地理结构,而是以“自然环境对人类的影响”作为总结,紧扣“可持续发展”这一核心论题。

“地理2”以人文地理内容为主,包括人口与城市、工农业区位因素等内容,但又不拘泥于纯人文地理结构,以“人类与地理环境的协调发展”为主旨,阐述可持续发展的缘由、基本内涵和任务。

“地理3”以区域地理作为载体,介绍区域与人类的关系、区域的开发整治等,同样紧扣“可持续发展”这一核心论题。最后还介绍体现时代气息的地理信息技术的应用,紧跟地理科学的时代步伐,顺应世界和时代发展的潮流。

(2) 高中地理选修课由“宇宙与地球”“海洋地理”“旅游地理”“城乡规划”“自然灾害与防治”“环境保护”“地理信息技术应用”7个模块组成,除了个别模块以外,基本上是学习应用地理。

这些选修模块之间没有递进关系而是平行的。课程标准对选修课程的学习顺序不作具体规定,即选修课可以在必修课之前、之后或者同时开设。

课程标准规定,除了因条件不具备可暂缓开设“地理信息技术应用”模块以外,其他的地理选修模块原则上各个学校都应开设。

三、课程内容标准

“内容标准”是课程标准中最重要的组成部分,它将地理“必修课程”和“选修课程”作为内容标准的两大部分,规定了学生学习高中地理课程的内容和目标,并提出相应的活动建议。

1. 关于内容选择

课程标准中的内容选择了当今国际及我国的重大问题、常见问题以及关乎国民利益和民众关心的焦点问题；聚焦地理科学发展的前沿；瞄准学生的学习兴趣和终身发展的需要。在保留地理学科经典知识、理论和方法的同时，删除"繁、难、偏、旧"的内容，引入了现代地理学的最新知识、观点、理论和科学研究方法。

2. 关于目标表述方式

课程标准为体现"以学生发展为本"的课程理念，采用相关的行为动词对结果性目标和体验性目标进行表述，其行为的主体是学生。

结果性目标明确提出了学生的学习结果，主要用于"知识与技能"领域，表述时使用行为动词来测量评价。如，在"绘制全球气压带、风带分布示意图，说出气压带、风带的分布、移动规律及其对气候的影响""阐述太阳对地球的影响""分析地球运动的地理意义"等条目中，通过行为动词"绘制""说出""阐述""分析"提出了在知识与技能维度上需要达成的学习目标。

体验性目标描述的是学生的心理感受和体验，主要呈现于"过程与方法"和"情感态度与价值观"的目标中。如，在"理解个人在环境保护中应具备的态度、责任和行为准则""领悟走可持续发展之路是人类的必然选择；认识在可持续发展过程中，个人应具备的态度和责任"等条目中，通过"理解""领悟""认识"等行为动词提出体验性学习目标，其表述是体验性的、过程性的。

3. 关于活动建议

在"活动建议"中，有大量的科学方法、学法指导和情感价值观内容，其目的是在教学活动中，使知识与知识获得的背景和活动结合起来，为学生的实践、经历和体验提供机会，并使学生的知识与技能、过程与方法、情感态度与价值观得到和谐发展。

"活动建议"是教师组织地理教学活动的参考性意见，属于弹性要求。教师在教学实施过程中，可根据当地和学校的条件以及学生的实际情况，灵活运用，并从"活动建议"中得到启发，拓宽设计思路，进行创造性劳动，组织更多更有效的课内外地理活动。

（一）必修课程的内容标准

必修课程3个模块的内容标准见表2－2至表2－4。

表2－2　地理1内容标准

标准	活动建议
1. 宇宙中的地球 ● 描述地球所处宇宙环境，运用资料说明地球是太阳系中一颗既普通又特殊的行星。 ● 阐述太阳对地球的影响。 ● 分析地球运动的地理意义。 ● 说出地球的圈层结构，概括各圈层的主要特点。 2. 自然环境中的物质运动和能量交换 ● 运用示意图说明地壳内部物质循环过程。 ● 结合实例，分析造成地表形态变化的内、外力因素。 ● 运用图表说明大气受热过程。 ● 绘制全球气压带、风带分布示意图，说出气压带、风带的分布、移动规律及其对气候的影响。 ● 运用简易天气图，简要分析锋面、低压、高压等天气系统的特点。 ● 运用示意图，说出水循环的过程和主要环节，说明水循环的地理意义。 ● 运用地图，归纳世界洋流分布规律，说明洋流对地理环境的影响。	● 选择一种形式（如写一篇小短文，绘制一幅图，或者制作一段计算机动画等），向家人或同学讲解地球所处的宇宙环境。 ● 运用教具、学具，或通过计算机模拟，演示地球的自转与公转，解释昼夜更替与四季形成的原因。 ● 观察某种天文现象，并查阅有关资料，说出自己的观察结果及体会。 ● 绘制示意图，或利用教具、学具，说明地球的圈层结构。 ● 根据本地条件，进行地质、地貌、水文等野外观察。 ● 利用身边可以找到的材料（如透明塑料袋、塑料薄膜、玻璃瓶等）和温度计，做一次模拟大气温室效应的小实验。 ● 用计算机设计气压带、风带的移动，水循环或洋流运动的动画。 ● 通过角色扮演（或讲故事、观看录像等）形式，说明某自然要素变化时，会导致其他要素发生变化。 ● 收集家乡某条河流的资料，分析其变化的主要原因，并对该河流的治理和开发提出自己的设想。

续表

标准	活动建议
3. 自然环境的整体性和差异性 • 举例说明某自然地理要素在地理环境形成和演变中的作用。 • 举例说明地理环境各要素的相互作用，理解地理环境的整体性。 • 运用地图分析地理环境的地域分异规律。 4. 自然环境对人类活动的影响 • 举例说明地表形态对聚落及交通线路分布的影响。 • 根据有关资料，说明全球气候变化对人类活动的影响。 • 以某种自然资源为例，说明在不同生产力条件下，自然资源的数量、质量对人类生存与发展的意义。 • 以某种自然灾害为例，简述其发生的主要原因及危害。	• 有条件的学校，可对水井进行定点、定时观测，记录水位、水色等变化情况，并分析其变化规律和主要原因。 • 以本地自然资源开发利用的变化为主题，分组开展研究性学习，交流学习成果。 • 针对本地经常发生的自然灾害，成立课外监测小组，制订计划，开展活动。

表 2－3　地理 2 内容标准

标准	活动建议
1. 人口与城市 • 分析不同人口增长模式的主要特点及地区分布。 • 举例说明人口迁移的主要原因。 • 说出环境承载力与人口合理容量的区别。	• 运用本地人口资料，绘制图表，探究本地人口的发展模式和人口迁移的特点。 • 收集所在城市不同时期的地图、照片，或进行走访，讨论城市的变化，交流感想。

标准	活动建议
• 运用实例，分析城市的空间结构，解释其形成原因。 • 联系城市地域结构的有关理论，说明不同规模城市服务功能的差异。 • 运用有关资料，概括城市化的过程和特点，并解释城市化对地理环境的影响。 • 举例说明地域文化对人口或城市的影响。 2. 生产活动与地域联系 • 分析农业区位因素，举例说明主要农业地域类型特点及其形成条件。 • 分析工业区位因素，举例说明工业地域的形成条件与发展特点。 • 结合实例说明农业或工业生产活动对地理环境的影响。 • 举例说明生产活动中地域联系的重要性和主要方式。 • 结合实例，分析交通运输方式和布局的变化对聚落空间形态和商业网点布局的影响。 3. 人类与地理环境的协调发展 • 了解人地关系思想的历史演变。 • 根据有关资料，归纳人类所面临的主要环境问题。 • 联系“21 世纪议程”，概述可持续发展的基本内涵，举例说明协调人地关系的主要途径。 • 领悟走可持续发展之路是人类的必然选择；认识在可持续发展过程中，个人应具备的态度和责任。	• 收集资料，对比不同地区人口或城市的文化差异。 • 结合所学知识，判断本地农业地域类型，并分析其形成条件。 • 联系本地实际，讨论某一工业企业的布局特点，以及该工业企业的原料供应和市场联系。 • 模拟设计某地区交通运输线路和站点的布局方案，简述设计理由。 • 联系本地实际，撰写一篇有关环境治理或生态保护的小论文，并展示交流。 • 举行“保护环境，从我做起”主题班会，制定本班爱护环境的守则。 • 结合实际，与家人交流对环境问题的看法，并参与宣传环境保护的活动，为改善本地环境做力所能及的事。

表 2-4 地理 3 内容标准

标准	活动建议
1. 区域地理环境与人类活动 • 了解区域的含义。 • 以两个不同区域为例，比较自然环境、人类活动的区域差异。 • 以某区域为例，比较不同发展阶段地理环境对人类生产和生活方式的影响。 • 举例说明产业转移和资源跨区域调配对区域地理环境的影响。 2. 区域可持续发展 • 以某区域为例，分析该区域存在的环境与发展问题，诸如水土流失、荒漠化等发生的原因，森林、湿地等开发利用存在的问题，了解其危害和综合治理保护措施。 • 以某流域为例，分析该流域开发的地理条件，了解该流域开发建设的基本内容，以及综合治理的对策措施。 • 以某区域为例，分析该区域农业生产的条件、布局特点和问题，了解农业持续发展的方法与途径。 • 以某区域为例，分析该区域能源和矿产资源的合理开发与区域可持续发展的关系。 • 以某经济发达区域为例，分析该区域工业化和城市化的推进过程，以及在此过程中产生的主要问题，了解解决这些问题的对策措施。	• 模拟赴热带雨林、热带草原、热带荒漠、高山地区等的旅行，描述在不同地区所能观察到的主要地理景观和地理现象，说出到上述地区旅行应携带的主要生活用品。 • 开展一次模拟活动（如南水北调“调出区”居民与“调入区”居民的对话），扮演角色，交流看法。 • 调查家乡一片荒废（或利用不合理）的土地，探讨这片土地荒废（或利用不合理）的原因。如果这片土地让你来规划开发，你将作何打算？为什么？ • 联系本地实际，讨论某工厂对地方经济的带动作用，以及所造成的环境污染，进而提出改进措施。 • 结合学校所在地区的城镇建设实际，讨论城市化过程对于区域发展的推动作用，以及应当注意的问题。 • 调查本地主要生态环境问题所产生的危害，以小组为单位讨论保护、治理措施。 • 收看相关电视节目，如“Discovery”（探索）等，了解在野外考察中GPS的功能。 • 用电子地图（网络或光盘形式）查询城镇、交通、旅游等信息。

续表

标准	活动建议
3. 地理信息技术的应用 • 结合实例，了解遥感（RS）在资源普查、环境和灾害监测中的应用。 • 举例说出全球定位系统（GPS）在定位导航中的应用。 • 运用有关资料，了解地理信息系统（GIS）在城市管理中的功能。 • 了解数字地球的含义。	

说明："区域可持续发展"部分，选择符合"标准"主题的区域，采用案例分析方式编写教科书和开展教学。本部分至少选择 3 个中国案例，1 个外国案例。

（二）选修课程的内容标准

选修课程 7 个模块的内容标准见表 2－5 至表 2－11。

表 2－5　选修 1 宇宙与地球内容标准

标准	活动建议
1. 宇宙 • 简述"宇宙大爆炸"假说的主要观点。 • 根据图表，概括恒星演化的主要阶段及其特点。 • 举例说出人类探索宇宙的历程、意义。 • 运用天球坐标系简图，确定主要恒星的位置。 • 运用星图进行星空观察，说出星空季节变化的基本规律。	• 观看有关宇宙与地球的影像资料，如"神奇的地球""天体的来龙去脉""宇宙与人"等，交流观后感。 • 收集探索"地外文明"的资料，谈谈自己的看法。 • 阅读星图，观察四季星空，辨认银河以及大熊座、小熊座、仙后座、天鹰座、天琴座、金牛座、猎户座、狮子座等星座和北极星、织女星、牛郎星、天狼星等恒星。

续表

标准	活动建议
2. 太阳系和地月系 • 了解太阳的圈层结构。 • 运用图表等资料、结合模拟演示，说明太阳系的组成以及九大行星的基本特征。 • 简述月球概况及其运动特征。 • 分析月相图，说明月相变化规律，并解释月相变化与潮汐变化的关系。 3. 地球的演化 • 运用图表，说出地质年代的划分，以及不同地质年代的地壳运动、成矿规律和生物演化简史。 • 简述板块构造学说的主要内容，并解释海陆分布及地表形态特征。 4. 地表形态的变化 • 读地表景观图片，说出河流、海岸、黄土、冰川、风沙、喀斯特等地貌类型的主要特征。 • 举例说明风化、侵蚀、搬运、堆积等外力作用对地表形态变化的影响。	• 用天文望远镜观察水星、金星、火星、木星、土星以及太阳活动和月球面貌。 • 连续观测半个月以上的月相，记录并总结月相的变化规律，分析月相变化的原因。 • 组织一次野外地质考察活动，观察岩层及地质构造，采集岩石、矿物标本，寻找化石，讨论地质构造与地表形态的关系。 • 收集有关图片资料，举行一次专题讨论会，"重建"恐龙时代的地球环境。 • 读简单的地质构造图，说出地质构造类型，并绘制地质剖面示意图。 • 结合本地的地貌类型，开展关于地表形态形成及演化的研究性学习。

说明："简述'宇宙大爆炸'假说的主要观点"和"根据图表，概括恒星演化的主要阶段及其特点"两项，旨在运用具体事例说明人类对宇宙的认识在不断深化，永无止境，以增强学生探索宇宙奥秘的兴趣，培养辩证唯物主义宇宙观。

表 2－6　选修 2 海洋地理内容标准

标准	活动建议
1. 海洋和海岸带 • 观察海底地形图，运用海底扩张与板块构造学说的主要观点，解释海底地形的形成和分布规律。 • 运用图表等资料，归纳海水温度、盐度的分布规律。 • 运用图表，分析海—气相互作用及其对全球水、热平衡的影响。 • 简述厄尔尼诺、拉尼娜现象及其对全球气候的影响。 • 说明波浪、潮汐、洋流等海水运动形式的主要成因及其作用。 • 运用地图及景观图片，概述海岸的主要类型和特点。 • 列举海岸带开发利用的主要方式。 • 运用资料，说明海平面变化对海岸带自然环境以及社会经济发展的重大影响。 2. 海洋开发 • 说出海水资源、海洋化学资源、海底矿产资源开发利用的特点和现状。 • 说出潮汐能、波浪能等的特点，以及海洋能的开发前景。 • 运用资料，说明海洋生物资源开发利用中存在的问题及对策。 • 举例说明开发利用海洋空间的重要性及其主要方式。 • 简述海洋旅游业的现状及发展前景。	• 收集有关资料，写一篇关于海平面上升对沿海地带影响的小论文。 • 围绕“厄尔尼诺现象利与弊”的辩题，运用材料，开展辩论。 • 沿海地区的学校，可调查本地海洋资源开发和保护的现状，并提出自己的看法和建议。 • 观看介绍海洋的影像资料或参观海洋科普场馆，以“21 世纪是海洋世纪”为主题，举办一次演讲会。 • 收集资料，展示海洋空间开发的成果，并以诗歌、绘画、科幻小品等形式畅想未来的海洋空间开发。 • 在广泛收集图片等资料的基础上，举办小型展览，展示海洋及海岛的自然风光、珍稀动物、风土人情等。

续表

标准	活动建议
3. 海洋环境问题与保护 • 分析风暴潮、海啸的成因，说出其危害及应对措施。 • 运用资料，说出海洋主要污染物的来源及其对海洋环境产生的危害，简述保护海洋生态环境的主要对策。 4. 海洋权益 • 区别内水、领海、毗连区、大陆架、专属经济区和公海等概念。 • 根据有关资料，归纳我国海洋国情的基本特点，说明维护我国海洋权益的重要意义。 • 举例说出建立和维护国际海洋秩序的重要性。	

表 2－7　选修 3 旅游地理内容标准

标准	活动建议
1. 旅游资源的类型与分布 • 简述旅游资源的内涵，运用资料说明旅游资源的多样性。 • 比较自然旅游资源与人文旅游资源的区别。 • 在地图上指出我国的“世界文化与自然遗产”，举例说出其重要价值。	• 收集世界和中国旅游景区的各种资料，在班级进行展示交流。 • 结合自己的旅游经历，交流欣赏旅游景观的亲身体验。 • 上网查询并下载旅游景区的信息，设计一份模拟旅游活动方案。 • 设计一条本地“一日游”的旅游路线。

续表

标准	活动建议
2. 旅游资源的综合评价 • 举例说明旅游景观的观赏方法。 • 运用资料，描述若干中外著名旅游景区的景观特点，并从地理角度说明其形成原因。 • 结合实例，简述旅游资源开发条件评价的基本内容。 • 针对某一实例，评价旅游资源的开发条件。	
3. 旅游规划与旅游活动设计 • 分析旅游景区的基本要素以及它们的相互影响，初步学会对旅游景区的景点、交通和服务设施进行规划设计。 • 学会收集旅游信息，根据旅游资源状况，确定旅游点，选择合理的旅游路线。 • 说明地形、气候、水文等条件与旅游安全的关系，以及应采取的安全防范措施。	• 由学生自己担任“导游”，开展一次体验性的导游活动。 • 讨论到某地旅游应当采取的安全措施。 • 结合本地实际，组织一次关于生态旅游的专题讨论会。 • 将学生的游记、摄影作品、旅游纪念品等集中起来，进行展览交流。
4. 旅游与区域发展 • 阐明旅游业的发展对社会、经济、文化的作用。 • 举例说出旅游与景区建设对地理环境的影响。 • 举例说明旅游开发过程中的环境保护措施。	

表 2－8　选修 4 城乡规划内容标准

标准	活动建议
1. 城乡发展与城市化 • 举例说明中外城市的形成和发展，归纳城市在不同发展阶段的主要特征。 • 比较不同国家城市化过程的主要特点及其意义。 • 举例说明城市环境问题的成因与治理对策。 • 比较在不同地理环境中，乡村聚落的分布特点，并分析其形成原因。 • 举例说明乡村集市的分布特点及其成因。 2. 城乡分布 • 运用资料，分析现代城市或村镇的空间形态、景观特色及其变化趋势。 • 举例说明在一定的区域范围内，如何实现城镇的合理布局和协调发展。 • 举例说明在城乡发展过程中，为了保护特色景观和传统文化所应采取的对策措施。 3. 城乡规划 • 说明城乡规划对于城乡可持续发展的意义。 • 了解城乡规划中土地利用、项目选址、功能分区的主要原则和基本方法。 • 理解在城乡规划中，工业、农业、交通运输业、商业、文化等部门的一般布局原则。	• 在乡村集市上对赶集人进行调查，粗略估计集市的服务范围。 • 收集你所熟悉的城市的地图和有关资料，分析其用地结构和功能分区，看一看有哪些利弊，又怎样加以改进。 • 选择一个你熟悉的城市，讨论该城市的文化特色，以及如何保护城市文物和历史文化。 • 选择一个你熟悉的城市，讨论该城市存在的城市环境问题，提出具体的解决建议。 • 开展一个关于社区公共服务设施布局的问卷调查，撰写一份调查报告。 • 运用有关资料，进行一次城乡规划的模拟练习。可把全班学生分成几个小组，分别提交规划方案，开展比较评价。 • 模拟“选房购房”活动：通过上网浏览、收集广告资料、实地调查考察等多种途径，对几处商品房的区位、布局、设施、环境等方面进行评价。 • 绘制社区主要的文化、教育、体育设施的分布草图，分析其布局是否合理。

续表

标准	活动建议
4. 城乡建设与生活环境 • 了解城乡人居环境的基本评价内容,分析房地产开发的地理区位因素,评价居住小区的环境特点与结构功能。 • 说出商业布局与人们生活的关系,以及不同商业部门布局的特点与功能。 • 结合实例,比较不同的城市交通网络的特点。 • 举例说明文化设施布局与人们生活的关系。	

表 2-9　选修 5 自然灾害与防治内容标准

标准	活动建议
1. 主要自然灾害的类型与分布 • 列举自然灾害的主要类型。 • 结合实例,简述自然灾害的主要特点。 • 运用资料,说明人类活动对自然灾害的影响。 • 运用地图,说明世界主要自然灾害带的分布。 2. 我国的主要自然灾害 • 运用地图,指出我国主要自然灾害的区域分布。 • 简述地震、泥石流、滑坡等地质地貌灾害的产生机制与发生过程。	• 围绕沙尘暴等自然灾害,开展一次研究性活动。 • 收集本地区有关自然灾害前兆的谚语,以及防灾减灾的有效方法,在全班进行交流。 • 结合实际,讨论在日常生活中如何应对突发性灾害。 • 收集近年来我国某种自然灾害的资料,绘制其地理分布简图,解释其形成原因,并说出我国已采取的防灾、减灾措施。

续表

标准	活动建议
• 分析台风、寒潮、干旱、洪涝等气象灾害的形成原因。 • 列举虫灾、鼠灾等生物灾害带来的主要危害。 3. 自然灾害与环境 • 比较同一自然灾害造成危害程度的地域差异。 • 结合实例，说明我国自然灾害多发区的自然环境特点。 4. 防灾与减灾 • 举例说明地理信息技术在自然灾害预测、灾情监测和评估中的作用。 • 以一两种自然灾害为例，列举适当的应对方法或应急措施。 • 举例说出中国防灾、减灾的主要成就。 • 展望人类利用高科技趋利避害的远景。	• 模拟以某自然灾害为背景的援救演习。 • 配合“世界防灾日”，出一期板报。 • 组织以“自然灾害与我们”（或“自然灾害与环境”“自然灾害与高科技”等）为主题的演讲比赛。

表 2-10　选修 6 环境保护内容标准

标准	活动建议
1. 环境与环境问题 • 举例说明人类与环境的相互关系，形成正确的环境伦理观。 • 说出环境问题产生的主要原因及危害。 • 归纳当前人类所面临的主要环境问题。	• 针对本地区某一突出的环境问题，开展调查，并分析其产生的原因及危害。 • 组织一次环保实践活动，如参观自然保护区、生态农业园区、清洁生产工厂、污水处理厂等，写一篇观后感。

续表

标准	活动建议
2. 资源问题与资源的利用、保护 • 举例说明主要的资源问题及其产生的原因。 • 举例说明非可再生资源耗竭对人类活动的影响，并说出人类采取的相应措施。 • 根据有关资料，说出非可再生资源开发过程中应采取的环境保护措施。 • 结合实例，说明人类对可再生资源不合理利用造成的问题，以及保护、合理利用的成功经验。 3. 生态环境问题与生态环境保护 • 举例说出主要的生态环境问题及其产生的原因。 • 以某种生态环境问题为例，描述其形成的一般过程。 • 举例说明某一区域的生态环境问题对其他区域的影响。 • 读图说出我国不同区域的主要生态环境问题。 • 针对某一生态环境问题，说出生态环境保护的主要措施及其作用。 4. 环境污染与防治 • 根据有关资料，说出主要的环境污染问题。 • 以某些环境污染事件为例，说明其形成的原因、过程及危害。 • 针对某类环境污染，说出其防治的主要措施。	• 配合“世界地球日”“世界环境日”“节水周”“爱鸟周”等，编辑地理小报。 • 结合当地实际，采用适当形式（如创作漫画、诗歌，或进行文艺表演等），适时开展环保主题宣传活动。 • 调查学校的用水状况，设计一份学校节约用水的方案。 • 举办一次以“环境保护从我做起”为主题的班会。

续表

标准	活动建议
5. 环境管理 • 说出环境管理的基本内容和主要手段。 • 举例说出当前全球环境问题的管理与国际行动。 • 理解个人在环境保护中应具备的态度、责任和行为准则。	

表 2－11　选修 7 地理信息技术应用内容标准

标准	活动建议
1. 地理信息技术的发展 • 运用资料概述,地理信息技术的发展。 • 说出地理信息技术的基本内容。 • 根据有关资料,简述地理信息技术在现代生产、生活中的意义。 2. 地图与遥感(RS) • 了解几种常用地图投影,说出不同地图的特点和用途。 • 结合实例,简述遥感的基本工作原理,会初步判读遥感图像。 • 结合实例,说明遥感图像在地图制作中的作用。 • 结合实例,说出遥感的主要功能。	• 在 GIS 软件中,建立同学基本情况信息表,在地图上显示同学的信息,实现查询、分析等功能。 • 在 GIS 软件中,应用“中国人口和行政区划”数据,查找东西部省区人口信息,在网上查询东西部地区人均国内生产总值等,对比说明东西部的区域差异。 • 用包含中国行政区划信息和铁路信息的 GIS 地图数据,查询主要铁路干线所穿越的省区和主要铁路枢纽。 • 学习用 GIS 软件绘制并输出某年段中国各省区人口增长图。

标准	活动建议
3. 全球定位系统(GPS) • 简述 GPS 的基本工作原理。 • 结合实例,说出 GPS 在交通、旅游、导航、军事、野外勘探等领域中的应用。 4. 地理信息系统(GIS) • 结合实例,说明 GIS 的基本功能。 • 了解地图数字化的基本方法。 • 在 GIS 软件中建立数据表。 • 在 GIS 软件中改变图层显示的方法。 • 结合实例,初步掌握 GIS 的查询方法。 • 用 GIS 软件制作、输出专题地图。 • 浏览网页 GIS 地图,查询有关信息。 5. 3S(RS、GPS、GIS)技术综合应用。 • 了解 3S 技术的综合应用。 • 了解数字地球、数字城市的含义。	• 在网上查找某大城市的 GIS 地图网站,查询商业网点的分布,说明商业网点的分布规律,分析其合理性。 • 在网上搜索有关 3S 应用和数字地球的资料,撰写文章,畅想数字化生存方式。

说明:本课程建议使用二次开发的 GIS 软件(如对国产软件进行二次开发),简化 GIS 功能。教学过程中,建议开发地理信息技术综合学习软件平台进行辅助教学。

四、课程安排

根据《普通高中课程方案(实验)》要求,高中地理模块课程的开设参考表 2 - 12 至表 2 - 14。共同必修模块采用按学段安排课程或按学期安排课程两种开课模式;选修模块均采用按学段安排课程开课模式。

表 2 - 12　高中地理模块课程开设方案一

学段 / 学年	上学期		下学期	
	第一学段	第二学段	第一学段	第二学段
高一学年	必修 1	必修 2	必修 3	选修
高二学年	选修	选修	选修	选修
高三学年	选修	高三总复习		

表 2 - 13　高中地理模块课程开设方案二

学段 / 学年	上学期		下学期	
	第一学段	第二学段	第一学段	第二学段
高一学年	必修 1	必修 1	必修 2	必修 3
高二学年	选修	选修	选修	选修
高三学年	选修	高三总复习		

表 2 - 14　高中地理模块课程开设方案三

学段 / 学年	上学期		下学期	
	第一学段	第二学段	第一学段	第二学段
高一学年	必修 1	必修 1	必修 2	必修 2
高二学年	必修 3 选修	必修 3 选修	选修	选修
高三学年	选修	高三总复习		

按学段安排课程模式，每周 4 学时，一个学段完成一个模块的教学任务；按学期安排课程模式，每周 2 学时，一个学期两个学段完成一个模块的教学任务。

地理模块课程开设说明：

（1）高中地理课程由共同必修课程与选修课程组成。必修课程由“地理 1”“地理 2”“ 地理 3”（各 2 学分、36 学时）三个模块组成。这三个必修模块是递进关系，必须依次开设。“地理 1”“地理 2”“地理 3”既相对独立，又相互联系构成一个整体。这三个模块都紧紧围绕可持续发展理论展开，体现了现代地理学的常识性、基础性和素养性。

（2）高中地理选修课程由“宇宙与地球”“海洋地理”“旅游地理”“城乡规划”“自然灾害与防治”“环境保护”“地理信息技术应用”（各 2 学分、36 学时）七个模块组成。这些选修模块涉及地理学的理论、应用、技术等各个层面，选择的内容大多关注人们生产生活与地理密切相关的领域，凸显地理学的学科特点与应用价值。选修模块的设置注重以中学地理教学实践为依据，以高中学生的兴趣爱好为出发点，力求开阔学生的视野，发展学生的个性特长，进一步提高学生的科学精神与人文素养。选修模块内容是平行关系，课程标准对于选修课程学习顺序不作具体规定，即任何一门地理选修模块都可以在高一、高二或者高三开设。建议各校在一个学段内可同时开设若干个选修模块供学生选择，选修模块开设顺序由各校根据具体情况自主决定。各校应发挥自身优势尽量开齐所有模块，并让尽可能多的学生选修。

（3）学校可根据课程标准的要求，结合本校实际情况，灵活处理地理必修课和选修课中校本课程的开设。为保障“地理 3”模块的教学顺利开展，学校可积极尝试在开设“地理 3”之前或同时，开设相应的区域地理校本课程。

（4）所有高中学生都必须修完 3 个地理必修模块课程，并获得 6 个学分。辽宁省文科方向发展的学生，必须在选修课程的“海洋地理”“自然灾害与防治”“环境保护”3 个模块中（因高考而又增加了“旅游地理”）至少选择 2 个模块进行学习，并获得相应的学分。

第三部分

教学实施建议

一、教学建议

高中地理教学要体现课程理念、落实课程目标、达到课程标准，需要地理教师在设计教学时充分考虑高中学生的心理发展规律和不同的学习需要，积极探索和运用自主学习、合作学习、探究学习等学习方式，提高学生的地理学习、合作交流、批判性思考以及分析解决地理问题的能力。

（一）引导学生形成正确的地理观念

正确的地理观念是地理科学素养的重要组成部分，也是现在和未来社会公民不可缺少的基本素质。“培养现代公民必备的地理素养”是高中地理课程的基本理念之一，课程标准中有大量与人口观、资源观、环境观、可持续发展观有联系的教学内容。教师在安排教学活动时，可以采用对不同观点进行比较和判断、反思自己行为、运用多种素材等方法，帮助学生正确认识人与地理环境的关系，关注人口、资源、环境、发展等问题，形成正确的地理观念。

案例

充分利用各种素材，
使学生形成正确的人地观

向学生进行正确人地观的教育，应当依据课程标准，选取学生可以理解和接受的典型实例，使学生对人地关系等问题形成正确认识。

在学习“自然环境对人类活动的影响”的相关内容时，建议注重两个方面的阐释：一方面说明地理环境是人类活动的外部条件，但并不是决定性条件；另一方面还要向学生指出，在特定的场合，地理环境可以成为人类活动的决定性条件，通过这种辩证的分析，使学生形成正确的人地观。

例如，在学习“以某种自然资源为例，说明在不同生产力条件下，自然资源的数量、质量对人类生存与发展的意义”的相关内容时，可以矿产资源为例，一方面用相关例证向学生说明，矿产资源的分布，矿产资源的数量、质量和组合状况是影响工业布局的重要条件，一些工业基地往往是建在矿产地附近（这种教学旨在渗透“自然环境是人类社会发展的外部条件”的观点）；但有些工业基地，如我国上海宝山钢铁工业基地、日本的太平洋沿岸和濑户内海钢铁工业基地，周围并无大型铁矿、煤矿，但却是著名的工业区，原因是借助优越的地理位置和发达的海运，摆脱了矿产资源的地域限制（这种教学可以渗透“自然环境并非是决定性条件”的观点）。另一方面，还要用典型事例说明，在特定场合，自然环境会对人类活动产生决定性影响。如采掘工业的布局，矿产资源的数量、质量等因素往往具有决定性影响。

（二）指导学生开展观察、实践、探究和研究活动

教师要在高中地理教学中转变学生机械模仿、被动接受的学习方式，促进学生主动和富有个性地学习，可以有意识地加强对学生自主性学习的引导。例如，帮助学生学会自己设计和实施野外观察、观测、调查等实践活动；在日常教学中使用探究方法，帮助学生形成主动探究地理问题的意识和能力；积极创造条件开展研究性学习等。

案例

地理研究性学习的组织实施

在学习“旅游与区域发展”的内容时，可以“旅游区生态环境问题调查”为主题开展研究性学习，具体可参考下列程序。

第一，指导选题。教师简要介绍旅游业的发展可能给旅游区生态环境带来的影响，说明保护旅游区生态环境的意义，激发学

生研究旅游区生态环境问题的兴趣，引导学生确定研究课题。

第二，组织课题组，制订研究计划。研究计划内容包括：课题名称、研究小组负责人、指导教师、实施步骤、资料和设备等。

第三，实施研究。教师可提供如下思路：

（1）观察记录游客乱扔废弃物的情况；走访园林管理处，获取每日到旅游区旅游的人数；

（2）调查旅游区内其他污染物的种类及来源、查阅有关书籍了解污染物的成分及危害；

（3）利用调查数据与结果，分析归纳旅游区内主要的生态环境问题，查阅资料分析其危害。

第四，撰写调查报告，提出改进建议。撰写调查报告并接受其他小组的质疑，反思本小组的研究结果，是否需要进一步论证。

第五，组织研究成果的交流研讨。各小组向全班展示本小组的调查报告，并最后形成一个基本反映全班调查结果的汇总报告，提交有关部门。

（三）采用适应学生个别差异的教学方式

课程基本理念中提出“满足学生不同的地理学习需要”，教学中这个理念的体现可以有多种形式。例如，在符合课程标准要求的前提下，为学生提供不同深度和广度的学习材料；布置不同难度的作业；给学生创造更多机会体验主动学习和探索的“过程”和“经历”，让学生拥有更多时间进行自主学习；鼓励和尊重学生不同的经验、见解、想法和说法等。教师可以根据学生的个体差异，积极探索适应学生差异的多种教学方式。

案例

在学习“商业布局与人们生活的关系”中使用多种学习方式

采用多样化学习方式。教师要为学生提供多种学习方式的可能性。例如，引导学生阅读和分析课本的文字、图表材料（图文学习）；组织学生观看商业网点布局的录像资料（直观动态材料的感知）；组织学生分组讨论（语言交流）；组织学生调查当地的商业网点情况(实践活动);请校外专家开办讲座(开放学习);使用互联网查询商业网点资料(信息加工)等。

采用不同的评价方式。学习方式的多样化也可从评价方式的多样化体现出来。例如,教师允许学生自选作业的方式,可以书写,也可以绘制图表、图画,还可以与教师面谈等。

(四) 发展学生的批判性思维和创新思维

高中地理内容标准中的大量内容需要学生运用理性思维。在教学中发展学生的批判性思维和创新思维是达到这些标准的重要途径。可以采用让学生接触各种不同观点、对问题展开辩论、鼓励学生在学习过程中大胆提出自己的看法等方法,逐步培养学生的批判性思维和创新思维。此外,地理设计也是一种可以尝试的学习活动。常见的设计主题如土地利用、城乡规划、交通规划、工业区选址、某个环境问题的解决方案等。

案例

就“沙尘暴有百害而无一利”展开辩论,发展批判性思维

一般认为沙尘暴是一种自然灾害。然而,沙尘暴是否“有百害而无一利”呢?这是一个值得质疑的有趣问题。一些学生查找了有关资料,提出了不同观点:沙尘天气造就了黄土高原;沙尘颗粒利于成云致雨;沙尘有助于海洋生物生长;沙尘暴缓解了酸雨;沙尘暴有利于抑制全球变暖等。对此,学生们争论不休。教师不失时机地引导学生就上述观点展开辩论,分为正方、反方两组,各抒己见,从而拓宽了思路,开阔了眼界,发展了批判性思维,培养了用辩证方法分析解决地理问题的良好习惯。

(五) 重视地理教学信息资源和信息技术的利用

获取、加工、运用信息的能力不仅是学生学习能力的一部分,也是学生未来生活能力的组成。因此,强调在有条件的地方运用信息技术进行教学,不只是为了提高教师的教学效率和教学能力,更重要的是为了培养学生的使用信息意识和信息能力。地理课程是以大量地理信息为基础的课程，教师可以利用地理课程的特点，创造性地利用地理教学信息资源，重视开发和应用以信息技术为基础的教学方法和教学手段，培养学生的学习能力。在有条件的地方，要积极利用网络中的地理信息资源、电子地图和信息技术优化地理教学。在条件尚不具备的地方，可仍以教科书中的地理图像、地图册为主要媒介，充分利用广播、电视、报纸等大众媒体，以及采用访谈、调查等方法帮助学生学会从多种途径获取需要的地理信息，并学会应用。

案例

利用现代信息技术分析“冷锋对北京天气的影响”

第一步，建立一个“冷锋对天气影响”的学习网页，包括学习资料、问题讨论、成果展示、信息交流等内容。教师可先在“学习资料”中提供学生应掌握的基本概念和独立学习时需要的背景资料，在“问题讨论”中提出讨论的题目，保证学生能从互联网上查找资料。

第二步，学生分组收集北京的天气资料，并及时整理后放到网页上。

第三步，小组讨论，利用收集的资料说明论题，并记录讨论过程，整理后放到网页的“讨论区”中。学生个人也可在“讨论区”自由发表意见或寻求帮助。

第四步，将小组或个人的学习成果放在网页的“成果展示区”中，与同学分享。

第五步，全班同学集中讨论、总结，开展成果评比。

二、教学中应注意的问题

（一）将地理课程标准具体化为课堂教与学目标和教学知识框架

（1）教师首先需要有扎实的结构化的地理知识与教育学、

心理学知识。例如,结构化的地理知识包括:地理基本知识(地理基本概念、地理基本过程、地理基本原理、地理基本规律),地理基本技能(地理观测观察、地理实验、地理调查以及阅读、绘制、运用地理图表),地理基本能力(主动探究地理问题的意识和能力,获取地理信息的意识和能力,地理判断、解释、预测与评价能力,地理表述能力),地理学科研究的基本方法(地理观察、区域分析与综合、地理比较等),地理情感(地理学习兴趣、地理学习动机、地理学习意志、文化情操、地理审美情趣等),地理态度(科学精神与人文关怀的统一),地理意识(空间意识、环境意识、全球意识等)与地理价值观(人口观、资源观、环境观和发展观等)。

(2) 教学目标应涵盖知识与技能、过程与方法、情感态度与价值观三个维度的要求。知识与技能体现了课程标准对基础知识与基本技能的要求,过程与方法侧重于学习能力的培养,而蕴含其中的情感态度与价值观则是未来社会公民素养的重要组成部分。高中地理教学应在充分体现知识与能力目标的同时,保证学生在掌握知识、培养能力的过程中体验与习得情感态度与价值观,让情感态度与价值观的知识内化成学生道德智慧、意志品质与行为习惯,实现知识与技能、过程与方法和情感态度与价值观的有机结合。

(3) 课程标准是制订教学目标的根本依据,但是不能简单地把课程标准中的"内容标准"等同于教学目标。教师要将教学目标具体化为学生学习所要达到的目标,即知识层面的"了解""理解""应用"等,技能层面的"模仿""独立操作""迁移"等,过程与方法和情感态度与价值观维度的"经历(感受)""反应(认同)""领悟(内化)"等。同时,还要将地理课程标准具体化为课堂教学的知识框架,从某种意义上来说,新教材没有教师参与的提纲挈领式升华总结,仅靠学生自己学习领悟是比较困难的,所以在教学中教师最终要以结构化、系统化的知识来参与学生的知识体系建构。

（二）将教材内容结构化和具体化为教学资源与程序

（1）理清教材编写思路。教材通过“设计情景、引发问题”，将静态知识内化为学生自主学习的驱动力；通过“提供信息、安排活动”，将文字、图像、问题等内容信息化、活动化，为学生自主学习、合作学习和探究学习搭建起平台，实现知识与技能、过程与方法的有机整合，在深刻领悟和体验过程中，使学生的情感得到进一步升华。而“阅读材料”“单元活动”又为学生拓展视野、提升能力、继续深造奠定了坚实的基础。

（2）紧扣课程标准要求，创造性重组、生成教学内容。高中地理课程改革的一大特色就是在课程标准的指导下的多版本的教材选择，它给教师提供了多元化的选择机会，同时也给教师带来选择的难度和挑战，需要教师更多的创造性劳动。例如高中地理课程十分重视案例教学，针对各种案例分析教学。案例的选择极其重要，样本有无代表性、真实性，体现的规律原理是否具普遍性、时代性，地理事象与原理规律之间是否具有逻辑性、表征性，案例本身是否具有挑战性、趣味性，也就是说案例是否具备探究价值是首先要考虑的问题。教材上的案例并非是唯一的，其所表述的地理事实本身也并不需要学生原原本本地识记，为此，教师可以比较各版本教材案例或身边乡土地理的典型事例或时事热点事件，选择最适合所教学生进行探究的案例以及与之紧密联系的系列材料，并在教学过程中创造性地重组、生成教学内容。

（三）将课程改革理念具体化为教学行为策略

（1）领会新课程倡导的课堂行为的转变方式。新课程倡导的课堂行为转变方式就学生的学习活动而言，从过去注重以记忆模仿为特征的接受学习转变为重视以理解创造为特征的发现学习；就学习过程而言，从过去注重现成知识的内化转变为重视由事实归纳结论再内化为认知结构，重视直觉感悟与逻辑推理相结合的探究过程，个性化与公理化相结合的发展过程；就教学流程而言，从过去注重教师引出问题—归纳总结—

模仿练习—巩固记忆转而注重设立情境—发现探究—归纳分享—建构体系—实践体验;就课堂管理而言,从过去以指令与服从为特征的教师权威型教学转向以建议与采纳为特征的顾问型和以参与与合作为特征的同伴型学习。

(2) 要给学生以充分的时间与宽阔的空间,进行探究,分享发现,合作总结。对具有探究价值的核心地理问题,教师完全可以根据学生原有知识储量与能力水平,以及课堂实际情况,进行与之相适应的调整,这种调整包括积极旁观、线索提示、启发点拨,直至结论呈现。但无论如何,学生探究过程是不能省略的,或长或短,或成功或失败,在某种程度上来说并不重要,重要的是探究的体验、探究方法的习得。因此,学生能发现什么就实说什么,能感悟多少就交流多少,教师要善于等待,不要急于设圈套、硬启发、亮观点。同时,透过地理事象所揭示的地理原理与规律等探究性成果必须要求学生理解记忆,这既是课堂的知识与技能目标,也是方法与过程、情感态度与价值观目标所不可或缺的载体。

(3) 为学生自主合作探究拓展途径。教师应有的放矢地延伸课堂,让对某个地理问题感兴趣的学生能在课后继续探究,教师要以顾问的身份进行合理的人员组织、必要的方法指导和信息咨询服务,并建立有效的反馈途径与激励机制,使地理课堂教学活动自然延伸成为实践性的合作探究学习活动。

(4) 根据教学内容性质以及校情、学情实事求是地确定教学方式。严格地说,讲解法、演示法、问答法、讨论法、活动法、自学法等各种教学方式都有它适用的时间与对象。一般而言,地理事实性知识较适合自学法、问答法等,地理原理性知识较适合讨论法、演示法、讲解法等,地理程序性知识较适合活动法、演示法等,在教学中一定要避免从一个极端走到另外一个极端。

(四) 充分发挥地理观察、实验、实践活动的教育功能

(1) 教师首先要善于进行知识整合,在理解课程标准深刻内涵、洞察学情乡情的基础上,将具有应用价值的地理内容案例化、情境化、活动化。

（2）教师要重在引导学生透过案例、情境的具体事实，即要透过地理现象，来探究其所蕴含的地理原理与规律，注重学生的思维训练和方法体验。

（3）鼓励学生自主组合，形成合作团队。由团队成员民主推出召集人，适当分工，将所获得的地理原理与规律指导实际生产与生活实践。通过文献检索、观测观察、实地验证、调查访谈、发现问题、提出假设、实践创新、综合论证、成果展示等一系列的过程，让学生在行动中体验，在体验中学习，在学习中内化，在内化中习惯，在习惯中成功。

（4）教师要善于通过积极旁观、适时反馈，促进学生提高自己元认知能力，有自知之明、自控之能、自主之行。为此，教师要全面提升自己的教育素养，增强将新课程理念落实到行动中的能力，整合升华教与学指导经验，进一步加深对学科知识的理解。

（五）尊重学生发展需要，指导学生自主选择课程模块

高中地理课程为学生提供了多样化的课程模块，给学生的学习以较大的选择空间。教师一方面要鼓励学生根据国家规定的课程方案和毕业要求，以及各自的潜能和兴趣爱好，制订地理学习计划，自主选择地理课程模块；另一方面要深入了解学生的学习基础、已有的地理知识水平、能力发展水平以及兴趣、爱好和潜能，对学生选择学习课程模块和安排学习顺序给予指导。

选课指导时，教师要让学生充分了解所开设的选修课程的主要内容、课程目标和学习方式等特点，并且让学生明白，选课既是为了满足自己当前的学习需要，也是为了锻炼自己，学习自我规划。教师要帮助学生了解社会发展状况和趋势，指导学生制订适合自己的课程修习计划和个人发展计划。教师在指导学生选课的过程中，要综合考虑以下因素：

（1）学生的个性特征（包括性格、兴趣爱好、特长与潜能、发展意向等）。

（2）学生的学习背景（包括学业成绩、知识结构、成长记录等）。

(3) 学生家长对子女的期望(包括专业和职业的选择等)。

(4) 社会背景(包括招生、就业、人才需求等)。

(5) 学校实际(包括师资、设备、场地、地域特点等)。

(六) 重视地理信息技术的应用

教师要积极推动信息技术与地理学习的整合,营造有利于学生形成地理信息意识和能力的教学环境。教师要合理使用地理教学信息资源,重视开发和应用以信息技术为基础的教学方法和教学手段,培养学生的学习能力。有条件的学校,要合理利用网络提供的地理信息资源、电子地图和信息技术优化地理教学结构。

第四部分

教学设计与教学案例

一、教学设计

教学设计是根据教学对象和教学目标,确定合适的教学起点与终点,将教学诸要素有序、优化地安排,形成教学方案的过程。它是一门运用系统方法科学解决教学问题的学问,它以教学效果最优化为目的,以解决教学问题为宗旨。

教学设计包括:教学内容(教学课题)、课型、教学目标、教学重点、教学难点、教学方法、教学用具(媒体)、板书设计、教学过程(五个环节)及时间分配、课后评价与反思等内容。

(一) 教学内容(或教学课题)

教学设计要先明确教学内容(或教学课题),要注明具体的章、节名称,说明本节课的内容,在本学段教材中的具体位置。

(二) 课型

教师根据不同的教学任务而确定的课的类型,即为课型。例如:新授课、复习课、实验课、实习课、检查课、测验课、综合课、活动课等。

新授课是以讲解新知识为目的的课。复习课是以复习巩固所学知识为目的的课。实验课、实习课是以培养学生技能、技巧为目的的课。检查课、测验课是以检查学生掌握知识和技能程度为目的的课。综合课、活动课是将讲授、复习巩固、检查提问、作业练习等活动交叉进行的课。任课的教师要根据选择的教学任务和教学实际情况,来确定课的类型。

(三) 教学目标

在设计课堂教学目标(知识、技能、情感)时,要注意将课程需要关注的三个方面(知识与技能,过程与方法,情感态度与价值观)融入每一节课,要具有可实施性和可检测性。

知识目标中,常用“知道”“了解”“理解”等词语来表述;技能目标中,常用“学会”“掌握”“熟练掌握”等词语来表述;情感目标中,常用“体会”“体验”“感受”“认识”等词语来表述。

(四) 教学重点

教学重点是指本节课主要讲授的内容是什么。设置每一节课的教学重点要准确、书写清晰。一节课的教学重点,往往是本节名称所含内容的个人解释性的语言。每个人对同一节课“节的名称”解释语言不尽相同。

(五) 教学难点

设置每一节课的教学难点要根据教学的环境、学生的认知能力、理解能力、接受能力精心设计。

教学难点,是指学生在本节课中难以理解和接受的地方。对于不同的地区、学校教学环境和学生,教师在讲授同一节课的内容时,教学设计中设置的教学难点也会有所不同。

(六) 教学方法

学无止境,教无定法。在课堂教学过程中,通常是以讲授法为主,不能事事都要学生去活动、去体验。常用的教学方法还有讨论法、发现法、读书指导法、演示法、实验法、导学法、辅导法、谈话法、陶冶法、任务驱动法、交流法、互动法、练习法等。在教学设计中可以合理地选择使用几种主要的教学方法。

（七）教学媒体

根据教学内容，科学合理地使用教学媒体，例如：计算机、网络、投影机。

（八）板书设计

1. 板书

（1）板书必须有“章、节、目”三级目录和本节课的重点内容和内容框架等。

（2）可以保留一定的板面，用于书写复习提问的题目和课后作业内容。

2. 演示文稿

演示文稿（PPT）可以展示提纲要点、图片、影片和动画等，但不可代替实物展示、教学挂图、演示实验、体验操作等。

（九）教学过程

课堂教学过程一般包括复习提问、引入新课、讲授新课、总结归纳、课后作业这五个环节。

1. 复习提问（一般为 2 ~ 5 分钟）

主要目的：

（1）为化解本节课的难点而做必要的准备工作。

（2）为顺利地引入新课内容而做铺垫工作。

复习提问的最后一个问题，通常设计为与本节新课内容紧密相关的问题。也可以顺利地进入课堂教学的下一个环节（引入新课）。

2. 引入新课（一般为 1 ~ 2 分钟）

手法与实例：

（1）采用“赋、比、兴”的手法，自然顺畅地引出新课的内容。

（2）根据学生认知规律和水平，从学生有感受的生活实例入手。

3. 讲授新课（一般为 31 ~ 38 分钟）

(1) 内容对题目,结构要清晰。目标能操作,具体可检测。

(2) 特殊到一般,规律推普遍。重点要突出,难点要突破。

(3) 分段控时间,藕断丝不连。环节紧呼应,高潮有节奏。

(4) 纲要转课标,精神和理念。信息为主线,素养得提升。

(5) 知识与技能,准确加精巧。教学又教法,教书并育人。

4. 总结归纳(一般为 3 ~ 5 分钟)

重温结构点题目,从具体实例中上升到对知识结构化认识。

5. 课后作业(一般为 1 ~ 2 分钟)

课后作业主要有三个方面的内容:

(1) 是根据本节课所学知识和技能,进行具有拓展性、迁移性的探究性学习和实践。既要达到复习巩固所学的知识和技能的目的,又要培养学生主动学习的兴趣。

(2) 是检测学生在本节课中的学习效果。

(3) 是为下一节课的教学内容作铺垫,也可以作为下一节课复习提问的内容。

(十) 课后评价与反思

根据教学以及学生课后学习的效果进行填写,要注重以下几个方面:课前教学设计中,预期的(知识、技能、情感)教学目标是否达到?采用的教学方法和手段是否适合(这些)学生?是否达到了最佳效果?是否需要进行适当的改进?教学难点设置是否准确?应当如何修正和改变?教学重点是否突出?教学难点是否突破?

(十一) 设计课堂活动的原则

(1) 相关性,与教学内容应当紧密相关。

(2) 客观性,不得带有主观倾向和暗示。

(3) 适宜性,避免出现费解的专业术语。

(4) 简要性,突出重点识别简洁易填写。

(5) 全面性,设计内容要全面准确充分。

(6) 开放性,留有拓展创意发挥的空间。

（十二）对设计课堂提问的要求

（1）精细设计。问题的难易度，应以多数学生需要经过一番思考后，才能正确作答为宜。

（2）了解学生。要估计出哪些学生能正确回答？哪些学生经过提示、帮助之后才能正确回答？哪些学生回答确有困难？学生在回答问题时，可能会出现什么样的错误答案？（不定因素很多，尽量考虑周全。）

（3）正确引导。教师要集中精力，敏锐地捕捉学生不确定的表述，并及时加以纠正。对于一些欠缺和错误，要注意引导和启发，帮助学生归纳总结，形成正确的答案。

（4）选择学生。提出问题后，教师要注意观察学生的表情，选择不同层次的学生回答。要注意照顾到学习有困难的学生。

二、教学案例

案例

中国工业

大连海湾高级中学吕红娟

一、教材分析

本节内容是初中的教学内容。主要由三部分组成，第一部分工业的空间分布；第二部分讲述我国主要的工业中心；第三部分是积极发展高新技术产业。其中重点内容是工业分布特点和影响工业基地的区位因素。

二、学情分析

教学对象是高二的学生，由于本节课是初中的教学内容，对于高二学生而言，并不是要简单掌握具体位置，重要的是需要学会分析为什么分布在这个位置上，即区位因素，同时，教师要不失时机地让学生了解一下高考题。

三、知识目标

1. 掌握我国工业的分布特点。

2. 以我国的四大工业基地为背景,分析影响工业的区位因素。

3. 运用案例分析工业生产过程中遇到的问题及解决的对策。

四、教学重点和难点

1. 以我国的四大工业基地为背景,分析影响工业的区位因素。

2. 联系案例分析工业生产过程中遇到的问题及解决的对策。

五、教学方法

1. 学案导学法。

2. 自主学习法。

3. 合作探究法。

六、教学用具

多媒体课件。

七、课时安排

1 课时。

八、课型

复习课。

九、教学过程

教学过程	教师活动	学生活动	设计意图及资源准备
导入	用幻灯片呈现恩格斯和毛泽东所说的名句	认真倾听	让学生明白工业的重要性
目标定向	出示与本节内容相关的考试大纲要求和知识目标	一名学生朗读,其余学生认真倾听,吸取他人的长处	结合多媒体课件的播放,对学习目标和要求进行解读,使学生清楚本节课的学习目标和要求

续表

教学过程		教师活动	学生活动	设计意图及资源准备
学习新知	1. 调动积极性	出示相关高考试题，教师提出要求，具体操作	学生先独立思考，后合作交流，最后白板展示	找到自己的答案和高考答案的差距
	2. 学习任务	引导学生根据导学案学习	学生自主学习	学生读书，结合地图册归纳教师提出的问题
	3. 自学检测	教师指导	学生自主完成	通过一组试题检测学生自主学习的效果
	4. 质疑点拨	教师提出疑问引导	学生先独立完成，然后小组归纳总结	先指导学生回答分布规律的方法，然后利用高考题引导学生进一步探究
	5. 合作探究	教师提出要求，具体操作。同时，教师也参与到学生的探讨之中	学生以小组为单位分组讨论、合作，共同确定答案，并用白板展示	激发学生利用本节课所学地理知识完成高考试题，切实体验高考的感觉。在此过程中也锻炼了学生发现问题、分析问题和解决问题的能力

续表

教学过程	教师活动	学生活动	设计意图及资源准备
提升总结	先让学生总结归纳自己所学的知识和方法，接着让学生完成本节课的知识网络构建	学生独自完成	培养学生构建知识网络的学习习惯
巩固达标	课堂练习		巩固、练习，培养学生审题、分析问题、解决问题的能力

导　学　案

【学习目标】

1. 掌握我国工业的分布特点。

2. 以我国的四大工业基地为背景，分析影响工业的区位因素。

3. 运用案例分析工业生产过程中遇到的问题及解决的对策。

【重点、难点】

1. 以我国的四大工业基地为背景，分析影响工业的区位因素。

2. 联系案例分析工业生产过程中遇到的问题及解决的对策。

【学习过程】

（一）自学任务

1. 阅读“中国工业分布图”，结合教材内容，说出中国工业分布的特点及中国主要工业地带。

2. 阅读教材内容，结合地图册中“中国主要工业基地分布图”，掌握我国四大工业基地分布、特点及主要的工业中心。

（二）自学检测

图 4－1 所示为我国经济格局模式图。读图回答 1—2 题。

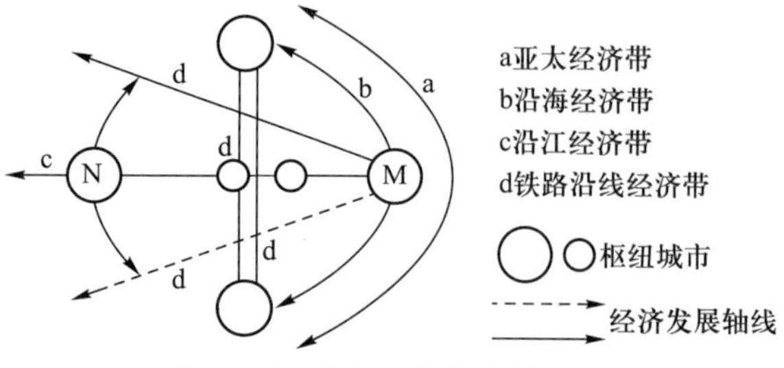

图 4－1　我国经济格局模式图

1. 图中字母代表的地理事物，正确的是

① M 城市代表上海

② d 包括京广、兰新等铁路

③ N 城市代表武汉

④ c 可能是长江，也可能是黄河

A. ①②　　B. ②③　　C. ①④　　D. ③④

2. 关于我国经济格局模式图的正确叙述是(　　)

① b 经济带的发展是因为劳动力资源丰富

② 经济最发达的是 b 经济带

③ d 经济带矿产资源、能源丰富

④ a 经济带技术指向型工业发达

A. ①②　　B. ②④　　C. ①③　　D. ③④

3. 阅读以下材料，并回答问题。

材料：到 20 世纪 50 年代，辽宁省已成为中国的重工业基地。辽宁省蕴藏有丰富的铁矿资源，在 20 世纪 70 年代以前，抚顺有“中国的煤都”之称。读教材必修 2 第 67 页“辽中南工业区图”分析回答下列问题。

(1) 简述 20 世纪 70 年代以前影响辽宁省钢铁、机械工业的区位因素，并指出这个时期辽宁省钢铁、机械工业区位选择的最主要因素。

(2) 简述近年来该省工业发展出现了哪些问题并说出解决措施。

(三) 合作探究

问题 1：分析我国四大工业基地的优势区位因素，制约因素及其发展方向。

（要求：1、2组合作辽中南重工业基地，3、4组合作京津唐工业基地，5、6、7组合作长江三角洲工业基地，8、9组合作珠江三角洲工业基地。然后每组选出一名代表在白板上展示本组的答案。）

问题2：根据2011年高考新课标卷第37题的“2007年中国大陆制造业企业500强总部的空间分布图”，简述中国大陆制造业企业500强总部空间分布的特点。（8分）

【总结提升】

1. 我的知识体系构建。

2. 我的收获。

【巩固达标】

某跨国公司在中国某市投资建设自动化的食用油生产厂，用国际市场上的大豆为原料，生产食用油。据此完成1—2题。

1. 跨国公司在中国投资建设食用油生产厂，主要是因为中国（　　）

A. 消费市场广阔　　B. 劳动力资源丰富

C. 技术力量雄厚　　D. 生产成本低廉

2. 该食用油生产厂应靠近（　　）

A. 商贸中心　　B. 机场

C. 火车站　　D. 港口

某跨国公司在中国某市投资建设自动化的食用油生产厂，用国际市场上的大豆为原料，生产食用油，产品销往国际市场。据此完成3—4题。

3. 跨国公司在中国投资建设食用油生产厂，主要是因为中国（　　）

A. 消费市场广阔　　B. 劳动力资源丰富

C. 技术力量雄厚　　D. 生产成本低廉

4. 该食用油生产厂应靠近（　　）

A. 商贸中心　　B. 机场

C. 火车站　　D. 港口

5. 阅读2009年辽宁省高中地理高考试卷第36题的图文资料，并回答问题。（题略）

【案例评析】

注重学生学习过程的地理课堂

为进一步深化课堂教学改革,大连海湾高中提出“一三六”课堂教学模式。“一”是指“以生为本”的教育理念;“三”是指“导学案”“合作小组”“白板”三个教学载体;“六”是指“目标定向”“自学检测”“合作交流”“质疑点拨”“提升总结”“巩固达标”六个教学环节。课堂教学过程中,更加注重对学生的学习过程的研究,变教师的“教学”为“导学”,进一步提高学生的地理思维能力和地理素养,促进学生的学习和发展。本节课很好地体现了“以生为本”的教学理念,落实了学校提出的高效课堂教学六环节,具体说明如下:

1. 目标定向

依据地理课程标准、地理教科书和学生实际,确定本节课的学习目标为:

(1) 掌握我国工业的分布特点。

(2) 以我国的四大工业基地为背景,分析影响工业的区位因素。

(3) 通过案例分析工业生产过程中遇到的问题及解决的措施。

通过多媒体课件和导学案告知学生,并进行目标解读,使学生对本节课的学习目标心知肚明。

2. 自学检测

根据学习目标和学习内容,组织学生依照导学案自主学习,如在本节课中让学生阅读“中国工业分布图”,结合教材内容,独立思考中国工业分布的特点、中国主要工业地带的分布状况。在此过程中,教师关注每一名学生自主学习的习惯,观察学生自学进度、效果,引导学生标注出疑难问题。然后,通过一组试题检测学生自主学习的效果,具体见导学案。

3. 合作交流

在学生自主学习的基础上,以小组为单位,在组长带领下进行合作学习,如在本节课中分组合作探究的问题是“分析我国四大工业基地的优势区位因素,制约因素及其发展方向”。

在此环节，将任务分派给每个小组，其中1、2组合作探究“辽中南重工业基地”，3、4组合作探究“京津唐工业基地”，5、6、7组合作探究“长江三角洲工业基地”，8、9组合作探究“珠江三角洲工业基地”。在小组合作学习中，教师也积极地参与到学生的探讨之中。然后每组选出一名代表到白板展示本组的答案，接着其他小组进行评价，并提出疑惑和新发现的问题，提交全班交流。

4. 质疑点拨

教师对各组提出的问题迅速进行整理，并结合已准备好的教学设计，进行启发引导。如在本节课中涉及地理分布特点，学生存在较多疑问，教师引导从两个方面思考，一是从总体分布状况考虑，二是从不同地区分布差异特点（极值）考虑。教师在精讲和点拨后，选取2011年高考新课标试卷有关工业分布特点的相关问题引导学生进一步探究。

5. 提升总结

在本节课中让学生自己归纳所学的知识和方法，如构建本节课的知识体系，整理分析工业区位选择和描述工业分布特点的方法等，使学生学有收获。

6. 巩固达标

设计课堂即时练习，要求学生独立完成，以检验学习效果。检测性题目不是越多越好，而是越典型越好，培养学生的地理思维，获得成功学习的体验。

总之，在课堂教学中，教师通过提出学习目标，组织学生活动，引导学生学习，监控学生行为，评价学生学习情况，实现变“教学”为“导学”。

（大连市教育学院　柳青）

案例

自然界的水循环

辽宁省盘山县高级中学　石立宝

一、课程标准分析

课程标准明确指出：“运用示意图，说出水循环的主要过程和主要环节，说明水循环的地理意义。”

课程标准并不要求对水循环做出明确的划分，而是要求以海陆间循环为主，将三种循环的过程和环节综合在一幅示意图中，使学生综合把握水循环。所以教学重点应引导学生通过绘图方式加深理解认识水在自然界的循环过程与环节。

二、教材分析

本节教材主要围绕“水的运动规律及其与人类活动的关系”来编排，第一部分“相互联系的水体”首先介绍了地球水圈中的各种水体类型，并指出淡水的储量不足及其巨大作用，然后以“读图思考”的方式，说明陆地水体的相互联系，从而阐明了地球上各种水体是相互联系着的，是运动变化的。第二部分“水循环的过程及意义”主要从两个方面阐述：一是水循环的类型和过程，主要环节，发生的领域及其意义；二是以“活动”的形式说明人类活动对水循环的影响。

三、学生分析

水与我们的生活密切相关，在必修1第一单元第四节了解了水圈的有关知识，高一学生对本课已有一定的生活体验，而且具备一定的读图和分析能力，为本节课的学习打下了基础。但学生仍局限于感性认识，无法自主实现地理规律原理与个人经验的结合，对概念、理论的归纳能力较弱。因此，教师必须采用有效的方法给予辅助，启发引导学生完成新知的建构。

四、教学目标

（一）知识与技能目标

1. 了解水圈内各种水体类型和分布。

2. 理解陆地水体之间的相互关系。

3. 掌握水循环的概念、领域、类型、环节和意义。

（二）过程与方法目标

1. 通过“水圈的构成”和“陆地水的相互关系”等图表的学习，使学生掌握利用图表和数据的基本方法和技能。

2. 通过水循环等知识的学习，使学生学会运用地理基本概念、原理分析评价地理问题。

3. 通过水循环过程的学习,学会绘制地理示意图。

(三) 情感、态度与价值观目标

通过陆地水体有关知识的学习,增强学生的忧患意识,树立科学的环境观和资源观,使学生养成节约用水的好习惯。

五、学习目标

1. 了解水圈的构成和特点以及陆地水相互补给的关系。

2. 理解并能绘制水循环示意图,掌握水循环的过程和主要环节。

3. 理解水循环的地理意义。

4. 运用水循环的原理分析常见的人类活动对水资源的影响。

六、教学重点和难点

教学重点:水循环的过程和意义及人类活动对水循环的影响。

这两个教学重点的确定,能使学生树立事物之间相互联系的观点,从而对我国的大型水利工程有更深层次的认识。帮助学生树立正确认识和利用自然规律,实现人类与环境和谐发展的观念。

教学难点:水循环的地理意义。

这些内容和各地的气候、地形等因素有关,而目前学生对各区域的特征了解不多,给学生的学习带来困难。

七、教学方法

多媒体教学、读图分析法、小组式讨论法、案例分析法。

八、教学过程设计

(一) 课前准备

教师:设计课案并完成多媒体课件的制作。

学生:(1) 课前学习:完成预习案,并记录预习中遇到的疑难问题。

(2) 课前资料搜集:查阅资料,了解有关水循环方面的知识。

（二）导入新课

课程准备	学生表现与评价	教师指导与设计意图
课间多媒体播放	自主欣赏	课前多媒体播放《长江之歌》及水循环图片，增强学生的感性认识，激发学生的学习兴趣和欲望；拉近学生与学习内容的心理距离
展示目标	明确学习目标，整体把握本节课的学习内容	把思考的主动权还给学生，引导学生发现问题，鼓励学生成为“老师式的学生”
预习案	完成基础知识梳理，熟记基础知识，帮助不同层次的学生落实基础知识	点评“预习案”，小组加分；巩固基础知识，激发学习热情
小组讨论合作探究	学生分成小组，完成“探究案”	屏幕展示课案使用说明，根据“探究案”，布置各小组任务，教师巡视，参与探究，及时获取反馈信息，加强个别辅导和讲解。增强学生的合作意识，培养运用所学知识分析问题。解决问题的能力。通过对案例的合作探究，强化学生从个性到共性、从特殊到一般、从具体到抽象的案例学习能力。提高学生分析问题的能力，实现重点知识的突破
成果展示与点评	第一小组的选派代表汇报“探究一”的讨论结果（通过读图，我们知道，河流的补给形式有多种，那么请思考，我们的母亲河——黄河以及东北的松花江的主要补给来源）结果，并就同学提出问题给予解答	组织学生进行成果展示。提醒学生注意分析问题的方法，注意语言表达的准确性

续表

课程准备	学生表现与评价	教师指导与设计意图
成果展示与点评	当探究一讨论结束后，第二小组代表进行总结 第三小组的选派代表汇报“探究二”的讨论结果(河流与湖泊相互补给关系)，并就同学提出问题给予解答 当探究二讨论结束后，第四小组代表进行总结(探究二总体较难，学生讨论深度可能不够，教师要及时点拨：每种补给类型的地区、时间差异性及影响) 第五小组的选派代表汇报“探究三”的讨论结果(黄河之水是不是真的“奔流倒海不复回”？黄河水参与哪种循环类型？可以通过哪些环节实现“奔流倒海再复回”?)并就同学提出问题给予解答 当探究三讨论结束后，第六小组代表进行总结 第七小组的选派代表汇报“探究四”的讨论结果，即(人类能够干预或控制水循环的哪些环节及人类可以采取哪些措施缓解或者避免黄河断流?)并就同学提出问题给予解答 当探究四讨论结束后，第八小组代表进行总结	组织学生对各小组的探究结论进行点评。如有需要教师给予补充。给学生充分发表自己看法的机会，并及时予以评价

课程准备	学生表现与评价	教师指导与设计意图
学以致用	学生完成检测案	组织学生完成检测案。应用本节课的知识完成相关练习题,培养学生思考问题,快速解决问题的能力

预　习　案

【学习目标】

1. 了解水圈的构成和特点.以及陆地水相互补给的关系。

2. 理解并能绘制水循环示意图,掌握水循环的过程和主要环节。

3. 理解水循环的地理意义。

4. 运用水循环的原理分析常见的人类活动对水资源的影响。

【使用说明】

1. 结合教材,在课前将预习内容填好并记住,列出知识结构。

2. 找出不明之处做好标记,待课堂上与教师和同学探究解决。

【学习检测】

(一) 相互联系的水体

水圈是一个________但________的圈层。

1. 阅读教材,探究水的三种存在形态和特点,填写下表。

水的三态	分布特点	数量特点	举例
		数量最少	水蒸气
		数量最多	
		数量次之	

2. 从空间分布上看

(1) 海洋水:占全球水储量的________%,是地球水的主体。

（2）大气水：数量虽少，但是成云致雨的必要条件。

（3）陆地水：包括________、________、沼泽水、土壤水、________、________、生物水等，数量虽不多，但在自然环境中作用巨大。

3. 陆地水体相互联系：陆地上各种水体之间具有水源________的关系。

4. 阅读教材，完成以下探究。

（1）分析教材中的图，有哪些不同的水体类型？其中能直接补给河流的有哪些？

（2）在河流和其他水体之间用箭头在图 4－2 中示意出其补给关系。

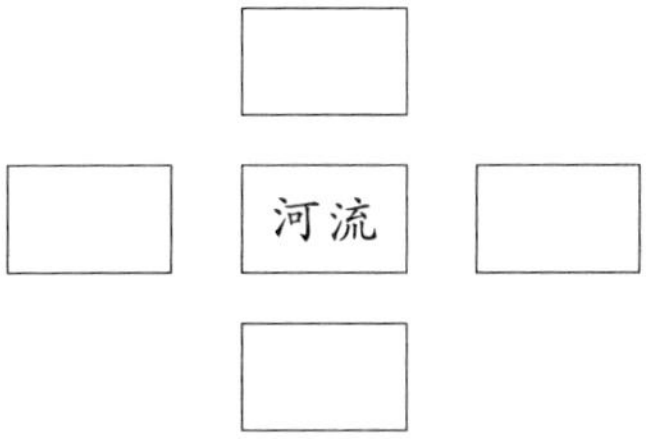

图 4－2

（二）水循环的过程和意义

1. 概念

水循环指自然界的水在__________、__________、__________、__________四大圈层中通过各个环节连续运动的过程。

2. 水循环的类型

（1）海陆间循环：发生在________之间，使陆地水得到________，水资源得以再生。

（2）陆地内循环：发生在________之间，对陆地水资源补充量很少。

（3）海上内循环：发生在________之间，对陆地水资源没有补充作用。

3. 水循环的主要环节

蒸发，________，降水，________，下渗，________。

4. 水循环的意义

水循环是地球上最活跃的________交换和________转移过程之一。它对地表________能起到________、________和________的作用,缓解了不同纬度________收支不平衡的矛盾。水循环又是________间联系的纽带。水循环还是自然界最富________作用的循环运动,不断塑造着________。

5. 将与水循环的意义相一致的连起来

① 维持全球水量平衡	A. 海洋向陆地输送淡水,陆地向海洋输送泥沙、有机物和营养盐类
② 调节全球热量平衡	B. 长江三峡、黄土高原的千沟万壑
③ 联系海陆间的主要纽带	C. 总体来看,海洋水,陆地水和大气水不会增多也不会减少
④ 不断塑造地表形态	D. 它对地表太阳辐射能的吸收、转化、传输和调节作用,能使赤道附近降温13℃,高纬升温19~23℃

探 究 案

探究一 通过读教材中的图我们知道,河流的补给形式有多种,请思考,我们的母亲河——黄河的主要补给来源?东北的松花江呢?

探究二 河流与湖泊相互补给关系。读图4-3填空。

丰水期,河流水位____________湖泊时,____________补给____________

枯水期,河流水位____________湖泊时,____________补给____________

请思考:湖泊对河流径流的汛枯变化会产生怎样的影响?

这种作用主要影响的是湖泊以上还是湖泊以下河段?对河流治理有何启示?

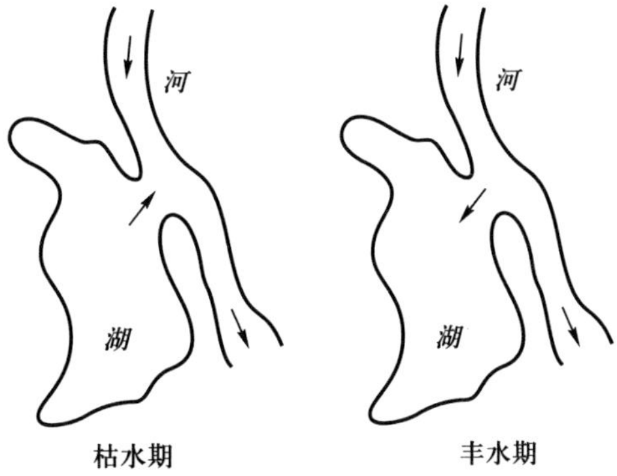

图 4－3

探究三 面对滔滔黄河水，诗仙李白在《将进酒》中叹道“君不见黄河之水天上来，奔流到海不复回”，根据水循环的过程思考以下问题：

黄河之水是不是真的“奔流倒海不复回”？黄河水参与哪种循环类型？可以通过哪些环节实现“奔流倒海再复回”？

探究四 读教材中的活动并回答下列问题：

(1) 人类能够干预或控制水循环的哪些环节？

(2) 人类可以采取哪些措施缓解或者避免黄河断流？

检 测 案

(一) 选择题

1. “一滴水借助水循环，可以汇入大海的波涛，可以化为高山的彩虹，可以变为地面的积雪，融化后渗入地下，可以被植物的根系吸收”。这一段话说明水循环联系的圈层有① 水圈② 岩石圈③ 生物圈④ 大气圈(　　)

A. ①④　　B. ①③　　C. ③④　　D. ①②③④

2. 黄河下游的河床高出两岸的地面数米，河水与两侧地下水之间的补给关系是 (　　)

A. 地下水补给河水　　B. 河水补给地下水

C. 河水和地下水互补　　D. 二者互不补给

3. 图 4－4 所示的四幅图中，位于东北地区的河流是(　　)

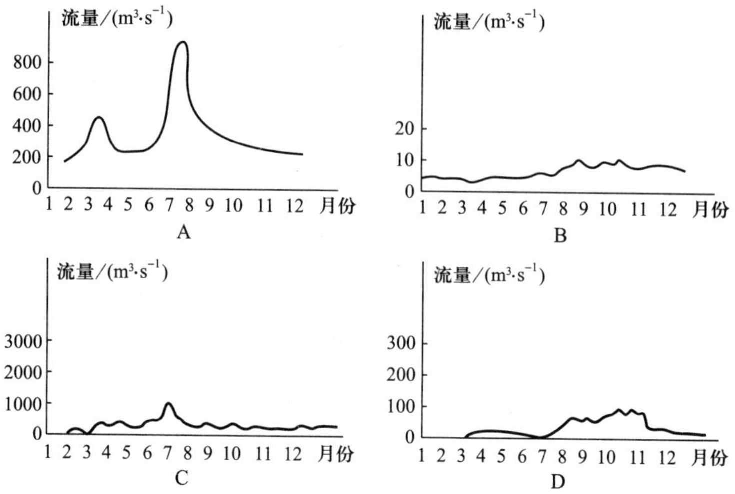

图 4－4

根据图 4－5 所示为我国华南某河流下游剖面图，回答 4～6 题。

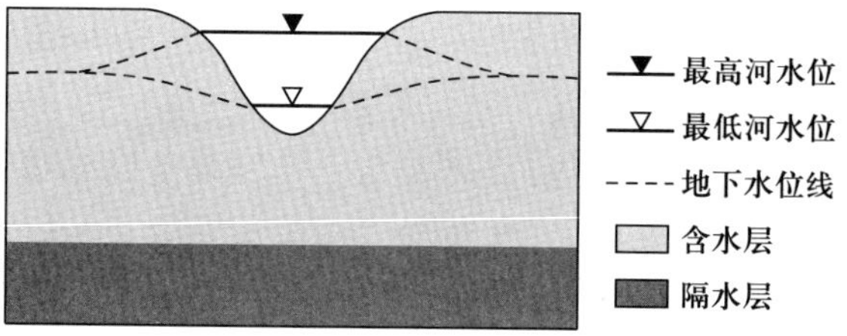

图 4－5

4. 图 4－6 所示的四幅图中能正确反映河水位与地下水位关系的是（　　）

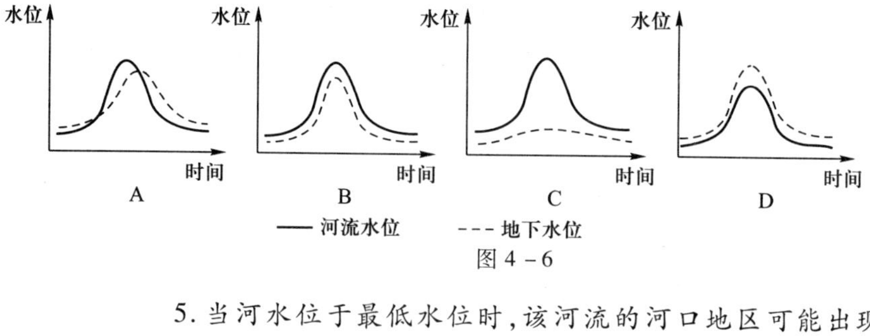

图 4－6

5. 当河水位于最低水位时，该河流的河口地区可能出现的自然灾害是（　　）

A. 水土流失　　B. 滑坡　　C. 咸潮　　D. 凌汛

6. 下列地区水循环最活跃的是(　　)

A. 长江流域　　　　　　　B. 南极冰川

C. 沙漠地下水　　　　　　D. 亚马孙河流域

7. 人类影响最大的水循环环节是(　　)

A. 地下径流　B. 地表径流　C. 降水　　D. 蒸发

(二) 综合题

读下列材料,回答有关问题:

材料一:据报道,为了响应党中央西部大开发的号召,国家水利部已初步计划今后十年在西部修建水利微型集雨工程1 700 万处,预计可以解决或改善2 000 多万人饮水困难,增加灌溉和抗旱保苗补水面积260 多万公顷。

材料二:如图 4 -7 所示。

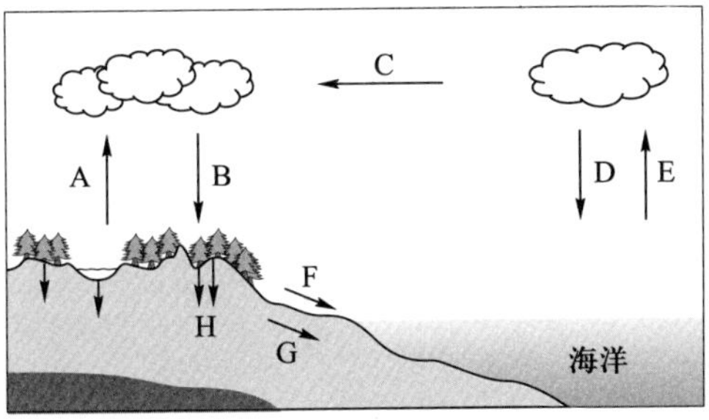

图 4 -7

1. 填出水循环各环节的名称:C. ________ H. ________

2. 我国西北内陆地区的水循环类型主要是________,黄河径流所属水循环类型是________________。

3. 国家水利部集雨工程,主要是对水循环的________环节施加影响,在图中是用字母________表示的。此项工程的好处是________________。

4. 最能代表我国夏季东南风的是________环节(用字母表示)。各水循环环节中,能够对 H 环节直接产生影响的环节(字母)是________和________。

【案例评析】

本节课的教学设计有以下几个特点:

第一,对课标和教材的准确把握是教学目标确立的前提。

"运用示意图,说出水循环的主要过程和主要环节,说明水循环的地理意义。"这是课标关于此节课的要求,教师在教学设计中首先对该条标准进行了分析,理解非常透彻。教师将本节教材从中心问题、内容、结构三个层面上进行了分析,可以看出对教材的把握是比较准确的。但若能对教材内容的内在联系进行分析,找出本节内容的整体知识脉络则更有利于对教材的把握和运用。此外,教师对本节课重点和难点的把握也很准确。

第二,对学情的准确分析是学习目标确立的前提。

学生对新知识的学习障碍往往来源于学生的前认知,在对一节课进行教学设计时,准确把握学生的前认知十分关键。本案例教学设计对高一学生的知识基础和能力基础均进行了分析,指出"学生仍局限于感性认识,无法自主实现地理规律原理与个人经验的结合,对概念、理论的归纳能力较弱"。正因为教师对学生的学情有一个准确的认识,才能在教法设计中有针对性地运用启发式、小组讨论、合作探究等方法,使本教学设计既符合课标对能力的要求又切合学生的学情。

第三,凸显学习过程中学生学的行为,有助于学生地理素养的形成。

本节课的教学设计以课案为媒介,以小组合作探究为依托,使课程的"落脚点"不再是单纯的知识的传授,更注重学生学科能力、素养的形成。在教学过程设计中,学生通过分组对问题的探究、对水循环示意图的探究以及小组之间的互评等,综合能力得到了发展。

本案例教师设计了预习案、探究案和检测案。

1. 预习案

预习案是由学生课前完成的,本预习案在内容的设置上层次感很强,问题由易到难,并注重本节知识与前面知识的衔接。前面的使用说明对学生如何有效利用预习案进行自主学习进行了很好的指导。

2. 探究案

探究案设计了四个待探究问题:

(1) 我们的母亲河——黄河的主要补给来源?东北的松

花江呢？

(2) 河流与湖泊相互补给关系。

(3) 黄河之水是不是真的“奔流倒海不复回”？黄河水参与哪种循环类型？可以通过哪些环节实现“奔流倒海再复回”？

(4) 人类能够干预或控制水循环的哪些环节？人类可以采取哪些措施缓解或者避免黄河断流？

前两个探究问题是对陆地水体的相互补给关系这部分知识内容的探究；探究三是对水循环环节的探究；探究四是运用水循环的原理分析常见的人类活动对水资源的影响。四个问题涉及学习目标的三个点，学习目标中的第三点是本节的重点和难点，是课程标准着重强调的内容，但在探究案中并没有体现。本探究案设计的问题有一定的探究价值，但个别问题停留在探究的表面层次。

3. 检测案

从题型上看，本检测案由客观题和主观题两部分组成，这也是高考试卷的题型；从内容上看，习题有梯度，覆盖本节重点知识；从习题的难易度上看，难度适中，适合对新知识的检测。

本案例紧扣课程标准，根据学生的认知特点和教学内容特点准确定位教学目标。运用多元化的教学手段，引导学生积极参与教学过程，实现自主学习。

教学过程的设计可以概括为三部分：首先以歌曲《长江之歌》和感性的语言引起学生对新知的探求欲望，总结学生预习案的完成情况。然后以小组探究，组内合作，组间互动的教学方式完成探究案。最后通过检测案反馈学生对本节知识内容的掌握情况。通过以上三个步骤较好地处理了本节的知识内容，较易掌握的内容由学生在课下通过预习案完成；本节重点、难点知识通过探究案由小组合作课上完成，教师做点评和补充，把学习的主动权还给学生；课堂练习通过检测案来完成。

课堂小结对知识做了系统的归纳，弥补了讨论法、探究法无法使知识系统呈现的不足，是本节课的点睛之笔。

（盘锦市教师进修学院　马云鹏）

高三复习课“城市化”

大连长兴岛高级中学　李金丹

一、教材分析

本节内容是人教版必修2第二章“城市和城市化”的重要内容之一。主要由三部分组成,第一部分介绍什么是城市化;第二部分讲述城市化的进程和特点;第三部分分析城市化对地理环境的影响。其中重点内容是城市化的进程和特点。

二、学情分析

教学对象是高三的学生,他们已经整体学习了高中地理必修教材的内容,具备了一定的分析地理问题、解决地理问题的能力。复习的主要目的是帮助学生更好地构建知识网络,形成完整的地理知识体系,基本形成获取和解读地理信息的能力、调动和运用地理知识的能力、描述与阐释地理事物的能力以及论证和探讨地理问题的能力。

三、教学目标

课程标准:运用有关资料,概括城市化的过程和特点,并解释城市化对地理环境的影响。

(一)知识与技能

1. 能够说出城市化的含义以及衡量的重要标志。

2. 掌握发达国家和发展中国家城市化的进程和特点。

3. 能够说出城市化对地理环境的影响。

(二)过程与方法

1. 运用人口流动示意图区分郊区城市化、逆城市化、再城市化的含义。

2. 运用相关材料概括、分析城市化的过程和特点并总结地理坐标图一般判读方法。

3. 根据相关材料分析总结城市化对地理环境的影响。

(三)情感态度与价值观

通过收集家乡资料和对家乡建设出谋划策,感受家乡的美和热爱家乡建设家乡的情感。

四、教学重点和难点

（一）教学重点

1. 结合实例或图表资料，分析概括城市化的过程和特点。

2. 分析城市化对地理环境的影响，并针对城市化带来的环境问题，提出有效的治理措施。

（二）教学难点

1. 地理坐标图的判读方法。

2. 郊区城市化、逆城市化、再城市化的区别。

3. 城市化对地理环境的影响。

五、教学方法

1. 学案导学法：整节课以学案导学贯穿始终。

2. 读图分析法：本节内容的教学过程，也可以说是读图析图的过程，教师要给予适当的指导。通过读图析图，不仅有助于对知识的理解和掌握，还提高了学生的读图能力。

3. 合作学习法：本节内容为学生提供了很多合作学习的机会，在合作学习的过程中互相取长补短、培养学生的合作意识。

六、教学用具

多媒体课件。

七、课时安排

1课时。

八、课型

复习课。

九、教学过程

教学过程	教师活动	学生活动	设计意图及资源准备
新课导入	出示本节内容的考试大纲要求："结合实例或图表资料，分析概括城市化的过程和特点；分析城市化对地理环境的影响，并针对城市化带来的环境问题，提出有效的治理措施"	认真倾听	课件播放考试大纲要求。做到有的放矢，清晰学习目标

续表

教学过程		教师活动	学生活动	设计意图及资源准备
学案完成情况反馈		利用课件展示完成较好的学案截图,重点展示“自主构建”部分。并总结学生自主预习后的疑惑	认真倾听,吸取他人之长处	对学案完成情况进行及时评价。培养学生构建知识网络的学习习惯,并总结学生存在的疑惑
解决疑惑	1. 自主学习情况检测	提出要求:以小组为单位整合“课前准备区”答案	前后桌为一小组进行答案整合	快速统一“课前准备区”的答案
	2. 解决疑惑1 郊区城市化、逆城市化、再城市化的区别	根据学案完成情况,让学生利用最简单的图示、最简洁的语言区分四者的含义	学生利用示意图区分四者的含义	为学生提供展示的机会。学生按照自己的思路讲解四者的区别,有利于学生理解、掌握
	3. 解决疑惑2 地理坐标图的判读	教师引导学生学习“典型案例一”(2013安徽高考题),并根据典型案例总结地理坐标图的一般判读方法。运用此方法指导学生独立完成“迁移案例一”	学生独立思考后进行小组合作整合答案,并由小组代表讲解“典型案例一”。同样完成“迁移案例一”	利用典型案例引导学生总结地理坐标图的一般判读方法,并利用迁移案例进行及时的巩固练习。培养学生读图、析图的能力

续表

教学过程		教师活动	学生活动	设计意图及资源准备
解决疑惑	4.解决疑惑3如何分析城市化对地理环境的影响	教师和学生共同完成“典型案例二”(2012福建高考题),并根据典型案例总结城市化对地理环境的影响。运用此方法指导学生独立完成“迁移案例二”	学生独自思考后进行小组合作完成“迁移案例二”	利用典型案例引导学生总结城市化对地理环境的影响,并利用迁移案例及时巩固练习。培养学生分析问题、解决问题的能力
我的探究		从城市化的角度说说家乡长兴岛的昨天、今天和明天,形式不限,要求准备三分钟,展示三分钟,思路清晰,语言简练	学生以小组为单位进行准备并展示	该探究问题设计的目的是引导学生将本节学习内容融会贯通,激发学生利用所学地理知识解决身边实际问题的热情,学以致用。在此过程中也锻炼了学生发现问题、分析问题和解决问题的能力
体验高考		为学生出示一道关于本节学习内容的高考试题。学生作答后,教师出示正确答案	学生在规定时间里独立完成	将学习内容回归高考,切实体验高考的感觉
我的收获(小结)		由学生谈学习后的收获	学生说出自己的收获	谈收获的同时也是对本节学习内容的总结,做到有始有终
布置作业		作业内容为学案的“牛刀小试”部分,及下一节“农业区位选择”的学案		巩固、练习

学　　案

【课标要求】

运用有关资料，概括城市化的过程和特点，并解释城市化对地理环境的影响。

课前准备区

【我的构建】

【我的疑惑】

（一）阅读教材第31—32页第一段，了解城市化的基本内涵，并完成下列各题。

1. 总结城市化的标志。

2. 我国黑、吉、内蒙古、晋、豫、皖、鄂、湘、赣等9省区被称为中部经济地带，以东是东部经济地带，以西为西部经济地带。读图回答下列(1)至(3)题。

(1) 衡量城市化水平的主要指标是(　　)

A. 城市人口占总人口的比重

B. 城市用地占土地总面积的比重

C. 城市经济总量占区域经济比重

D. 城市数量占区域聚落数量的比重

(2) 由教材的图上分析可知，下列说法正确的是(　　)

A. 我国中部各省区中，只有湖北的城市人口比重均在40%以上

B. 20世纪80年代以后，中部地带新增的特大城市数超过东部

C. 我国西南地区的城市人口比重均在20%以下

D. 总的说来，经济越发达的省份，城市人口比重越高

(3) 促使人口向城市迁移的“拉力”因素主要是(　　)

A. 城市高楼林立,环境优美

B. 城市就业机会多

C. 农村收入低,社会服务短缺

D. 农村剩余劳动力多

(二) 阅读教材第 32—35 页"世界城市化的进程"相关内容,完成下列各题。

1. 结合教材中的图总结城市化各阶段特点,填写下表。

城市化发展阶段	特征	出现的问题	发展新趋势	出现的国家和地区
初期阶段				
加速阶段				
后期阶段				

2. 用图示表示出城市化、郊区城市化、逆城市化、再城市化的区别?

图 4－8 为世界城市化水平趋势图,读图回答第 3 题。

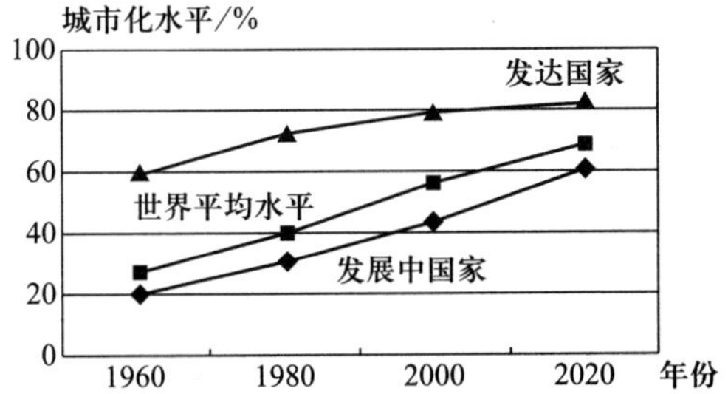

图 4－8

3. 社会经济的发展推动着城市化进程,世界城市化水平趋势图表明 21 世纪(　　)

A. 发达国家城市化水平高、城市化进程更快

B. 发达国家城市化发展速度高于世界平均水平

C. 发展中国家城市化发展速度低于世界平均水平

D. 发达国家城市化水平更高,发展中国家城市化进程更快

课堂活动区

探究点一　地理坐标图的判读

【典型案例一】

经济的发展推动了我国城市化进程。图 4－9(a)表示的是1978—2006 年全国及国内三大经济地带城市化水平的变化情况,图 4－9(b)是我国 1980 年和 2004 年城市等级规模金字塔示意图。据此分析下列问题。

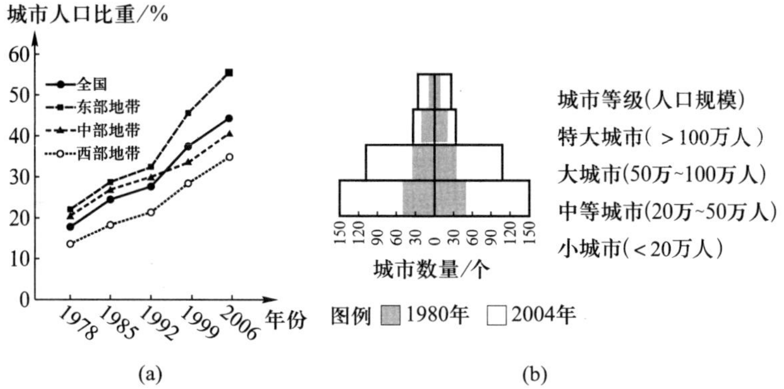

图 4－9

(1) 读图 4－9,分析 1978—2006 年以来我国城市化进程的主要特点。(4 分)

(2) 在西部经济地带城市化进程中,有人提出了应优先发展大城市的观点,你认为是否合理,请说明理由。(2 分)

【反思归纳】

地理坐标图判读的基本方法:

【迁移案例一】

(2013 年安徽卷)图 4－10 表示安徽省 1985—2010 年就业结构与城镇人口比重变化。完成 1、2 题。

1. 2005 年以来,安徽省城市化处于(　　)

A. 初期阶段

B. 中期阶段

C. 后期阶段

D. 逆城市化阶段

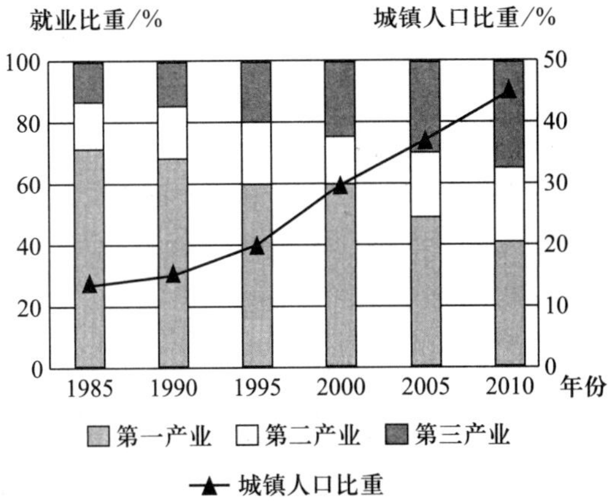

图 4－10

2. 产业结构调整促进安徽省城市化水平的提高,表现在(　　)

A. 第二、三产业就业比重均持续快速提高

B. 城镇新增就业人口第二产业超过第三产业

C. 农村人口向东部沿海城市迁移数量增加

D. 劳动力主要由第一产业向第二、三产业转移

探究点二　城市化对地理环境的影响

【典型案例二】

(2012 年福建文综卷)图 4－11 中四条折线示意中国、全世界、发展中国家和发达国家的城市化水平及其变化趋势。2000 年后,发达国家城市化水平提高带来的主要影响是(　　)

A. 促进区域经济发展　　B. 工业产值的比重持续增大
C. 城市环境趋于恶化　　D. 城市中心区人口不断增多

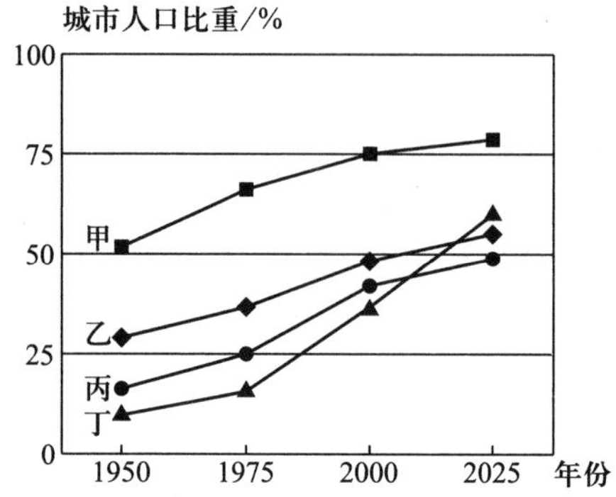

图 4 - 11

【迁移案例二】

读图 4 - 12 某城市中心与郊区平原的数据统计图，回答问题。

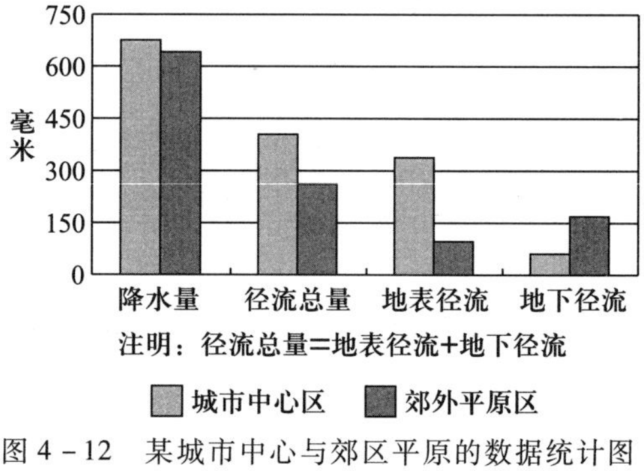

图 4 - 12　某城市中心与郊区平原的数据统计图

运用水循环的知识分析城市发展过程中出现的问题及解决措施。(7 分)

【我的探究】

收集资料并根据自己的亲身体验，结合本节内容从城市化

的角度，简述家乡长兴岛的“昨天、今天、明天”，并为“明天”的发展提出合理化建议。（不限形式）

【体验高考】

（2012 年上海卷）就地式城市化是指农村人口一般不离开居住地，而农村逐步向城镇转化，这是城市化的一种新趋势。阅读图 4－13 和材料一、二，回答问题。（14 分）

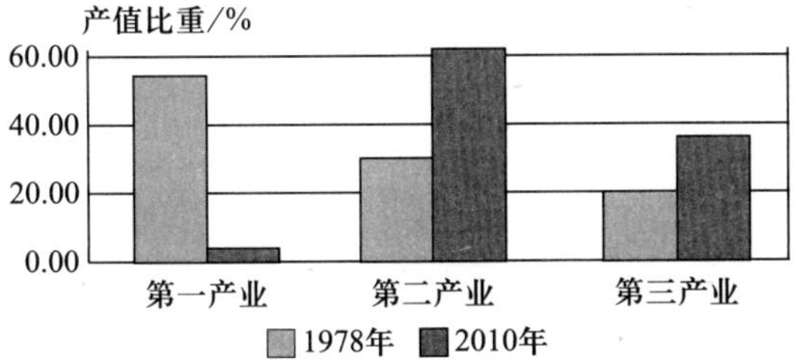

图 4－13　1978 年和 2010 年乐清市产业结构变化图

材料一：乐清市地处浙江省东部沿海，2010 年常住人口约 138.93 万人，其中农村人口约占 82.6%。据 2009 年统计，农林牧渔业的从业人员为 16.31 万人，比 1999 年减少了约 25%。

材料二：2009 年以来，乐清市实现了电话、有线电视家家通；自来水受益村数达到 858 个，比重为 94%；垃圾集中处理村数达 811 个，比重为 89%；村级全民健身苑达 715 个，篮球场 506 个。“十一五”期间，该市实行城乡免费义务教育，60 周岁以上农村居民基础养老金享受率达到 100%。

（1）归纳乐清市城市化过程中劳动人口结构、产业结构发生的变化。（4 分）

（2）在城市化进程中，乐清市就地式城市化方式起到了显著作用。分析乐清市就地式城市化过程中采取的主要措施。（6分）

（3）乐清市农村就地式城市化进程对我国城市化发展有什么意义？（4分）

【我的收获】

【牛刀小试】

1.（2013年广东文综卷）城市首位度是指区域内人口最多的城市与第二多的城市的人口数量的比值。用以表征区域发展要素在首位城市的集聚程度。下表是我国四大城市群两个年份城市首位度数值。与2008年相比，2011年下列首位城市集聚效应弱化最明显的是（　　）

A. 北京　　B. 上海　　C. 广州　　D. 沈阳

城市群	城市首位度	
	2008年	2011年
京津冀城市群	1.62	1.52
长三角城市群	2.35	2.20
珠三角城市群	1.93	1.23
辽中南城市群	1.32	1.21

下表是我国不同时期的城市用地年均增长率与城市人口年均增长率统计表。根据下表回答第2、3题。

时期/年	1985—1990	1990—2000	2000—2011
城市用地年均增长率/%	6.49	5.72	6.22
城市人口年均增长率/%	3.77	4.28	3.79

2. 1985—2011 年我国城市人口人均城市用地总体变化趋势为(　　)

A. 先增后减　　B. 先减后增

C. 不断增加　　D. 逐渐减少

3. 据表并结合相关知识可以判断,1985 年以来我国(　　)

A. 城市新增用地以商业用地为主

B. 城市用地面积有所减少

C. 城市人口增长以自然增长为主

D. 农业用地面积有所减少

4. (2012 年天津文综卷)在城镇建设中,提倡用透水材料铺设"可呼吸地面"代替不透水的硬质地面。图 4－14 为城市水循环示意图,采用"可呼吸地面"之后,图中的四个环节的变化符合实际的是(　　)

A. a 增加　　B. b 增加　　C. c 减少　　D. d 减少

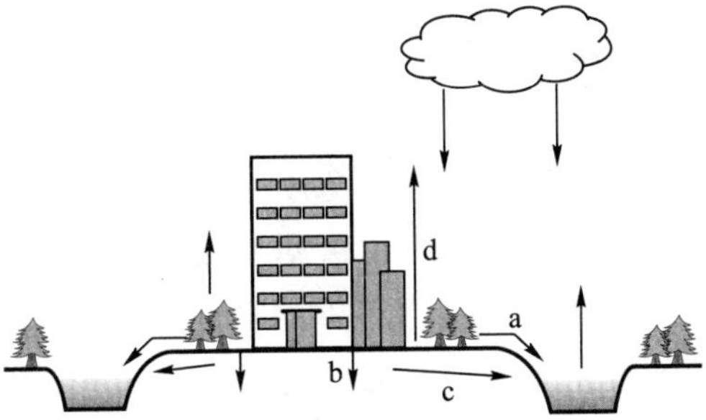

图 4－14

5. (2011 年广东文综卷)1996—2006 年,我国城镇人口数量年均增长 4.46%,城镇建成区域面积年均增长 5.23%,2006 年人均建设用地面积是发达国家的 1.58 倍。由此可以推断该阶段我国(　　)

A. 城镇建成区城镇人口密度升高

B. 城镇化水平已经接近发达国家

C. 城镇土地集约利用水平高于发达国家

D. 城镇人口增长速度滞后于城镇空间扩张速度

图 4－15 为某城市的三个发展阶段示意图。据此回答第 6 题。

6. 影响图中城市向外扩展的主要区位因素是(　　)

A. 地形　　　B. 气候　　　C. 交通　　　D. 市场

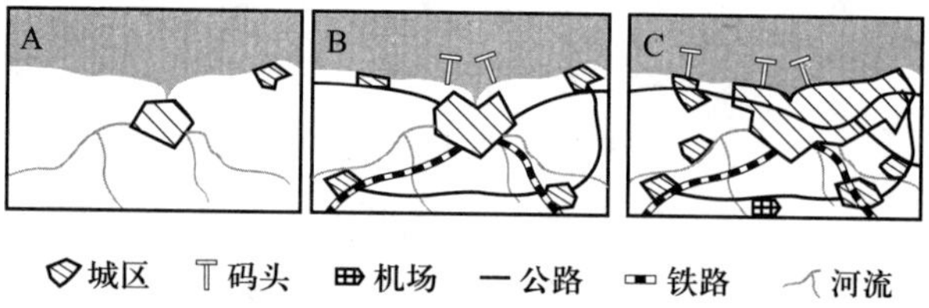

图 4－15

十、教学反思

1. 自身教学状况反思

本节课所用时间为 45 分钟，成功完成教学任务。在教学过程中能够不断追问引导学生深入思考，尊重学生的意见并及时给出评价，尽量为学生提供展示自己的机会，充分做到以学生为中心，在传授学生知识的同时注重培养学生分析问题、解决问题的能力。不足是在教学过程中语速较快，在讲解某些问题时语言不够简练。

2. 学生学习情况反思

本节课思维含量较高，逻辑性较强，需要学生不断思考进而总结方法。学生课堂反映活跃、思路清晰，说明学生在课前确实做了充分的预习、在课上也确实跟着课堂思路进行了深入的思考。学生在讨论问题时积极热烈并主动展示自己，在"我的探究"部分能够紧密联系生活实际及所学知识，敞开思路，做到学以致用。

3. 对授课内容、方式、技能技巧的反思

本节课的重点是运用相关资料概括城市化的过程和特点，并解释城市化对地理环境的影响。难点是地理坐标图的判读方法。针对重点和难点，本节课采用学案导学、解决疑惑的方式，应用典型案例引导学生总结分析问题的方法，并利用迁移案例进行及时的巩固练习，最后通过"我的探究"将本节课内容进行融会贯通。

本节课线索清晰，充分引导学生自主学习、合作学习。通过学案上"我的疑惑"部分总结学生自主预习后仍未解决的问题，并及时反馈学生学案的完成情况，重点在“自主构建”部分。针对“我的疑惑”部分，疑惑一由学生画图式讲解，疑惑二、三中典型案例由教师引导学生共同完成，并总结解决问题的方法，迁移案例部分由学生自主完成并讲解解题思路；“我的探究”部分选择联系生活实际的开放型试题即“从城市化角度说一说长兴岛的昨天、今天及明天”，由学生合作完成，体验“生活中有用的地理”，最后由学生谈收获。

本节课的最大亮点是“我的探究”部分，精心设计以城市化为核心的联系生活实际的开放性试题，在留给学生足够的想象空间的同时又能锻炼学生发现问题、分析问题、解决实际问题的能力，让学生充分感受到自己在社会中的价值。

本节课的不足之处是：在学生讲解郊区城市化、逆城市化、再城市化的区别时，可以再找一位同学用不同的方法讲解区别，效果会更好。另外，典型案例和迁移案例的选取在难度上不是很合理，典型案例应该覆盖面较广，具有说服力，其难度应该比迁移案例难度大一些。

4. 再教设计

如果再重新讲授本节课我会在以下几个方面做完善：

(1) 学案再设计。对于学案上的课前准备区应该重新选择一些有足够思维含量的问题。精选典型案例和迁移案例。

(2) 在教学过程中对于疑惑一应该再找另外一位同学利用圆形示意图讲解郊区城市化、逆城市化、再城市化的区别。在对比的过程中加深理解。

(3) 在学生讲解典型案例一时有些过于细致，应该及时控制好时间。

(4) 对于“我的探究”部分应该留出足够时间再选择一组同学进行展示。

【案例评析】

本节课具有以下特点：

1. 真实性

本节课是一次下校调研随机听到的一节课，没有任何指导加工的痕迹，呈现的是“原汤原水”的一节高三一轮的复习课。

2. 示范性

授课人李金丹老师是一个刚刚毕业三年的年轻教师（恰好是从高一带到高三），是一个善于研究、善于学习、善于设计、敢于尝试的老师，自学校推进“导学案”教学以来，能够结合教研活动所讲的导学案的设计与使用的技巧，大胆设计并尝试在教学中使用，所呈现的导学案具有示范作用。

3. 启发性

多年以来，高三一轮复习课，教师在课堂教学中经常采取先复习旧知再进行训练的方式，这样简单的重复再现不仅浪费了宝贵的时间，而且养成了学生对老师的依赖现象。因此，提倡利用“导学案”，调动学生主动预习，自我构建并提出疑问，避免简单地重复再现，让学生带着问题走进课堂。这节课不仅使用了“导学案”的教学模式，而且学生的参与性较高、教与学的氛围轻松愉快，无疑是一节高效的课堂教学，因此具有启发性。

本节课有如下几个亮点：

1. 教师在课前功课做得非常充分，既有学案设计，又对学生的预习成果进行了批改，对学生“我的构建”和“我的疑惑”进行归类和提炼，并在开课伊始加以总结，为学生有效地预习提供了良好的借鉴。

2. 整堂课的设计完全是围绕学生“我的疑惑”的共性问题逐步展开的，而且在解题过程中，教师尽可能引导学生参与到问题的解决环节中，注意到充分暴露学生的思维过程。

3. 作为一个年轻教师，对课堂的驾驭非常自信，倾听学生表述非常到位，纠错和引导也非常及时，尤其对学生在黑板上用图示来区别“城市化”“郊区城市化”“逆城市化”“再城市化”一组概念，处理得比较到位。

4. 教师在学生思维出现障碍时及时设计“小组合作”环节，让组内合作在学生出现“愤悱”状态下积极参与合作，做到了有的放矢，而且在展示和评价环节上，既能做到展示充分，又能做到评价延迟，让学生参与讨论，最终达成共识。

5. 在整个过程中，非常注意学生描述和阐释地理事物能力的训练，既注意规范术语的使用，又注意培养学生“按分采点”的意识，每做完一题都有正确答案作对比，让学生能够及时修改和及时评价。

6. 本节课的最大亮点就是“我的探究”环节，该环节设计的题目是：收集资料并根据自己的亲身体验，结合本节内容从城市化的角度简述家乡长兴岛的“昨天、今天、明天”。并为“明天”的发展提出合理化建议（不限形式）。从学生们的课堂表现来看，学生们课前一定是做了大量功课的，短时间内一个小组采取表演的形式，从多方面对长兴岛的“昨天、今天、明天”进行了简单的描述和展望，尽管有些地方描述得不够科学，但从效果上看却是非常好的，学生们确实感受到活动给他们带来的欢乐。

7. 本节课的小结环节则是以“我的收获”形式展开的，从学生的回答来看，学生的收获更多的是方法的获取和情感态度价值观的升华，起到了良好的“收口”效果。

这节课还存在以下问题：

1. 教师引导性的语言略多，导致一个好的设问因引导过度而降低了思维含量，说明教师对学生的思考力信心不足。

2. 学案设计内容过多，导致有的环节部分学生有“跟不上节奏”的现象，致使部分内容在下课前留有空白较多。

3. 教师对“典型案例”和“迁移案例”的选择和使用搞不清楚。前者一般是能够具有典型代表的试题（最好是综合题）且要求师生共同完成的；而后者则是利用前面的思路来解决类似的问题，因此要求题目要与前面的内容配套，而且要求学生独立、快速完成。而在学案中就出现个别不配套的现象，而且在“迁移案例”使用上仍采用小组合作的形式就淡化“迁移”的“举一反三”的作用了。

总之，这是一节非常好的常态课，有很多环节可供借鉴和参考，相信大家在认真学习和研究之后，对改变我们的教学思路和备考策略上一定会有启发的。

（大连教育学院　孙让）

第五部分

教学评价建议

一、对学生的评价

（一）学生地理学习评价

地理学习评价，要在知识与技能评价的基础上，关注对学生价值判断能力、批判性思考能力、社会责任感、人生规划能力形成状况的评价。在教学活动和学习评价中要重过程、重应用、重体验、重全员参与。地理学习评价应发挥其激励与发展功能，使学生从评价中获得成功的体验，激发学习兴趣，积极参与学习活动，提高地理学习水平。教师要关注学生在学习活动中的表现与反应，并给予必要、及时、适当的鼓励性评价和指导性评价。下面是一些教师可以尝试使用的新的评价方法。

1. 对地理知识理解与应用的评价

评价学生地理知识理解和应用状况的标准，主要是衡量其理解能力和在解决实际问题中运用已学知识的能力。理解能力的评价主要看学生对地理概念、原理、规律、理论的表述状况；知识运用能力的评价主要看学生能否激活所储存的已学知识，能否将相关知识迁移到具体情境之中。

例　对地理概念理解能力的评价标准与等级划分（表 5－1）

表 5－1

等级 评价内容	水平 1	水平 2	水平 3	水平 4
对地理概念的理解	• 只能理解少数基本地理概念	• 能够理解一些基本地理概念	• 能够理解大部分基本地理概念	• 能够理解全部基本地理概念

续表

等级 评价内容	水平 1	水平 2	水平 3	水平 4
对地理概念的理解	• 存在较严重的误解与混淆 • 很少能用不同形式表达同一概念	• 存在一定程度的误解与混淆 • 有时能用不同形式表达同一概念	• 较少误解与混淆 • 能经常用不同形式表达同一概念	• 完全没有误解与混淆 • 能用不同形式表达同一概念

2. 对地理技能形成与运用的评价

评价学生地理技能的形成与运用状况，主要是考查学生对各种地理技能的功能、方法和要领的了解程度，选择应用地理技能的合理程度，运用地理技能的熟练程度，以及应用地理技能所取得的学习和研究成果的正确程度和实际价值。

例 1 评价学生获取和处理地理信息的能力

检测“运用资料，说明海平面变化对海岸带自然环境以及社会经济发展的重大影响”的达标程度，可以布置研究性活动，让学生收集有关海平面上升对海岸带影响的科普读物、论文、图片等资料，自己撰写小论文，绘制图表，或办宣传板报。以评语方式对学生在上述活动中利用信息源的情况，资料的多样性、可靠性、全面性以及学生撰写的小论文、绘制的图表的质量予以评估。

例 2 评价学生利用网络信息和电子地图获取和处理地理信息的能力

互联网上关于北京的旅游资源信息非常丰富。在有条件的地方，可以指导学生根据预设条件（如时间、经费、开支等），利用网络信息和电子地图设计一个“北京三日游”旅游方案。方案应包括景点选择、景点介绍、旅游线路、交通方式选择、日程安排、各项开支细目、购物（纪念品、特产）等。教师可以根据学生搜索的资料是否丰富、线路选择是否恰当、方案是否合理等方面，评价学生获取、处理信息的能力。

3. 对地理科学方法掌握及探究活动质量的评价

对地理科学方法掌握的评价，应重点了解学生对地理观察、区域分析与综合、地理比较等常用地理研究方法的领悟、掌握状况和运用水平。其评价标准：一是评价学生是否了解地理方法运用的步骤、要领；二是评价学生能否灵活运用正确的地理方法分析和解决问题。

对学生探究活动质量的评价，建议从学生能否发现和提出地理问题，提出问题的假设，独立思考和解决地理问题，合理表达、交流探究成果等方面进行评价。

例 1 对学生地理探究活动质量的评价要点（表 5－2）

表 5－2

评价内容	评价要点 1	评价要点 2
发现问题，提出问题	是否善于发现和提出地理问题，经常独立提出问题，具有提出问题的积极性； 是否能有效地利用已有信息提出地理问题，能否补充问题的必需条件； 提出的问题是否具有探究价值，即问题是否具有一定的广度、深度，是否新颖	在各项探究活动中是否表现出下列情感与态度：兴趣、好奇心、探索欲、投入程度、合作态度、意志毅力、创新精神等
提出解决问题的假设	能否根据已有的知识、经验，或通过收集相关信息，将已有的地理知识与问题相联系，提出解决问题的假设	
解决问题，得出结论	能否分析信息，得出结论；能否从不同角度寻找解决问题的方法与途径； 是否具有独立思考与反思的习惯和质疑意识； 能否与他人合作解决地理问题	

续表

评价内容	评价要点 1	评价要点 2
表达、交流探究成果	能否条理清晰、完整地表达探究过程与结论； 能否将论据与论点联系起来，得出基本合理的解释； 能否用语言、文字、图表等多种方式表达学习成果	

例 2 评价学生提出假设的能力

给出泥石流发生地的景观图片、泥石流发生地的各种资料，提出问题：为什么会发生泥石流？学生探究解决这一问题时，要将各种信息加以筛选，并观察景观图片反映的地形条件、植被覆盖情况，查阅泥石流发生地的降水、地质资料，提出该地发生泥石流的假设原因。评价学生是否能提出假设。

4. 对情感态度与价值观形成的评价

建议评价时关注学生以下方面的变化与发展。

（1）对地理学科的认识：评价学生是否具有地理学习动机与学习兴趣；能否体会地理学与现实生活的密切联系和地理学的应用价值；是否具有地理审美情趣与鉴赏力。

（2）科学精神与态度：评价学生在观察、调查、实验和报告撰写中是否精确、严谨，是否具有实事求是、坚持真理、勇于创新的科学精神。

（3）对自然地理环境与社会的态度和责任感：评价学生是否初步形成了可持续发展的观念，是否初步形成了环境、资源的保护意识和法制意识，是否初步具有了对社会和自然环境的责任感，是否养成了关心和爱护人类环境的行为规范。

观察是评价学生情感态度与价值观的重要方式。要注意观察学生在日常行为和学习活动中的表现，搜集评价信息，为进行有针对性的评价提供依据。

对学生情感态度与价值观进行评价，主要采用调查分析法，即在评价理论指导下，通过问卷、访谈、测试等调查手段，收集评价对象的有关资料，经过比较分析做出判断。

例 运用多种手段评价学生的环境意识与态度

在评价学生尊重自然、保护环境的意识与态度的过程中，教师给出“世界环境日”的资料：

“1972年第27届联合国大会根据人类环境会议的建议，决定把6月5日定为‘世界环境日’。联合国确定‘世界环境日’的目的在于提醒全世界注意全球环境改善；呼吁联合国系统和各国政府采取行动防止环境污染和生态破坏，并开展相应的活动，增强公众热爱地球的意识，规范保护环境的行为。自1994年以来‘世界环境日’的主题如下：一个地球，一个家庭（1994年）；各国人民联合起来，创造更加美好的世界（1995年）；我们的地球、居住地、家园（1996年）；为了地球上的生命（1997年）；为了地球上的生命——拯救我们的海洋（1998年）；拯救地球就是拯救未来（1999年）；2000环境千年——行动起来吧（2000年）。”

让学生选择其中的一两个主题，自由讨论，讨论后写一篇小论文。评价者要注意观察学生在讨论中的表现，分析小论文中表述的观点，以此来评价学生对环境污染和生态破坏所持的态度。教师再结合观察的方法，留意学生在日常生活中是否养成保护环境的习惯。

5. 地理学习评价要注重评价形式的多样化和针对性

地理评价方式的多样化具有现实意义。由于课程目标（知识与技能、过程与方法、情感态度与价值观）不同，学生的学习心理、学习方式特点不同，各种评价方式的适应范围不同，因此要求采取多种评价方式。地理学习评价形式，有的适用于评价学生地理知识与技能的达标程度，有的适用于评价学生在教学过程中的表现，有的则在评价学生情感态度与价值观的表现与发展状况等方面有独到价值。地理教师要从实际出发，选择和运用恰当的评价方式，以增强评价的针对性，发挥各种评价方式的优势，克服其局限性。

地理学习评价除了书面测验、口头表达、作业、小论文写作、绘制地理图表并分析等常用评价方式外，还要注意通过观察学生在讨论、实地观测、探究等活动中的表现来评价学生。要重视学生的自评和互评。评价结果建议采用评语和等级评价相结合的方式。

（二）学生地理学习过程评价体系

学生学习评价是为了发挥激励与发展功能，使学生从评价中获得成功的体验，激发学习兴趣，积极参与学习活动，提高学习水平。学生学习评价要注重过程性评价和终结性评价相结合。

1. 过程性评价

过程性评价是指在地理教学活动中进行的评价，其目的在于及时反馈信息，发现存在的问题与缺陷，并以此为依据修改、完善教学方案或帮助学生改进学习。过程性评价的形式很多，一般有学生成长记录、学习成绩检测、非正式评价等，如地理课堂表现评价、单元检测评价、地理实践活动评价、学生地理学习档案等。从操作层面上看，建议教师将学生地理课内、课外评价结果与学生阶段性测试成绩综合在一起，共同构成过程性评价的成绩。

（1）地理课堂学习评价。

学生地理课堂学习评价是地理课程过程性评价的重要内容。对学生地理课堂活动情况进行评价，旨在让教师反思自己的教学行为，调控自己的教学状态，改进自己教学活动的方式、方法，提高教学效益。教师可参考表5－3对学生的地理课堂学习进行评价。

表5－3　地理课堂学习评价表

班级________　　学生姓名________　　评价者________

评价指标		评价等级		
一级指标	二级指标	A	B	C
学习态度	1. 对学习意义的认识明确			
	2. 学习自主意识强			
	3. 团队合作精神好			
学习习惯与方法	4. 学习习惯好			
	5. 正确选择学习方法			
	6. 优化学习策略			
回答与解决问题	7. 善于独立思考问题			
	8. 积极主动发言			
	9. 创造性解决问题			

续表

评价指标		评价等级		
一级指标	二级指标	A	B	C
学习成果	10. 及时完成作业			
	11. 注重探究过程			
	12. 培养学习能力			
评价语				

注:评价等级(在相应栏中打“√”):A:好,B:中,C:有待改进。评价者可以是学生或教师等。

(2)单元检测评价。

单元检测是地理教师组织的在一章或一个单元学习完毕后进行的学习成绩检测,它可以在比较短的时间内普遍地检查每个学生的学习质量。单元检测要紧扣课程目标,重点突出,全面考查。在测验后教师要对试卷进行批阅和点评,使学生尽快了解得失的原因;对成绩不达标的学生,要进行有针对性的补偿矫正,及时弥补学生学习中的缺陷。

(3)地理实践活动评价。

对学生进行地理实践活动评价,也是过程性评价的主要内容之一。评价学生地理实践活动情况,也可以制作相应的学生地理实践活动评价表。

(4)学生地理学习档案。

学生地理学习档案是为地理教师有意识地收集学生地理学习学业成绩、地理作品以及其他有关地理学习的相关证据,以反映学生在地理学习领域的努力、进步和成就而设计的。也就是说它包括收集、记录的学生个人、教师、家长和同学做出的地理学习评价的有关材料,目的是判断学生的地理学习能力,以监控学生的成长过程。学生地理学习档案中所收集的内容,可参见表 5-4。

表 5-4　地理学习档案目录

序号	档案内容	小结
1	入学地理考试成绩记录	
2	地理学习行为记录(学习态度、习惯、爱好、方法等)	
3	地理作业样本	
4	自我鉴定、家长观察记录、教师评语等	
5	测验成绩、学生自评成绩、同学互评成绩等	
6	地理课外实践活动成绩、地理作品等	
7	地理竞赛奖励证书与表彰证书,社区实践活动等	
8	其他地理学业成绩标志性成果	
备注		

2. 终结性评价

终结性评价是为已制定好的地理教育方案、计划、课程等的整体效益做出全面鉴定而进行的测评。它主要着眼于对整个地理教育教学阶段(一个模块)或部分阶段(几个单元)学习成果进行全面的评定。与过程性评价相比,它涵盖的范围较广,其测评的重点是具有广泛迁移效果和学生后续学习所必须掌握的地理知识和技能。

阶段测评是在学完一个模块或学完几个单元整体知识后,由学校或上级教研部门组织命题,由学校组织的成绩检测考试。它一般要求学生全面地复习已学过的知识,进一步理解知识,形成完整的知识体系并牢固掌握它。

(三)学分认定

学分管理是高中新课程的重要特征之一。学校是高中学生学分认定的主要权力机构。一般是在某一模块(必修或选修)学习结束后,由学校或各级教育行政部门统一组织命题与考试后,由学校或教师依据课程标准,根据考试成绩来认定的,其目的是验证学生是否达到了课程标准所规定的课程目标的要求。学生学分认定的结果,通常用学生成绩报告单来反映,如表 5-5 所示。

表 5-5　学生地理课程模块学业成绩报告单

<table>
<tr><td colspan="3" rowspan="2">项目</td><td colspan="4">教师评价</td><td rowspan="28"></td><td rowspan="28">自我评语：

学生签名：

教师寄语：

教师签名：

家长寄语：

家长签名：

年　月　日</td></tr>
<tr><td>优秀</td><td>良好</td><td>一般</td><td>待提高</td></tr>
<tr><td rowspan="17">日常学习</td><td rowspan="7">课堂学习</td><td>发言的主动性</td><td></td><td></td><td></td><td></td></tr>
<tr><td>信息综合运用学习</td><td></td><td></td><td></td><td></td></tr>
<tr><td>质疑学习</td><td></td><td></td><td></td><td></td></tr>
<tr><td>合作学习</td><td></td><td></td><td></td><td></td></tr>
<tr><td>自主学习</td><td></td><td></td><td></td><td></td></tr>
<tr><td>个性化学习</td><td></td><td></td><td></td><td></td></tr>
<tr><td>……</td><td></td><td></td><td></td><td></td></tr>
<tr><td rowspan="4">作业练习</td><td>按时完成</td><td></td><td></td><td></td><td></td></tr>
<tr><td>独立完成</td><td></td><td></td><td></td><td></td></tr>
<tr><td>正确率</td><td></td><td></td><td></td><td></td></tr>
<tr><td>……</td><td></td><td></td><td></td><td></td></tr>
<tr><td rowspan="6">地理活动</td><td>兴趣、好奇心</td><td></td><td></td><td></td><td></td></tr>
<tr><td>投入程度</td><td></td><td></td><td></td><td></td></tr>
<tr><td>合作态度</td><td></td><td></td><td></td><td></td></tr>
<tr><td>意志力</td><td></td><td></td><td></td><td></td></tr>
<tr><td>探索精神</td><td></td><td></td><td></td><td></td></tr>
<tr><td>……</td><td></td><td></td><td></td><td></td></tr>
<tr><td rowspan="9">模块成绩与项目成果</td><td rowspan="4">知识技能</td><td>识记</td><td colspan="2" rowspan="2">测验成绩</td><td colspan="2" rowspan="2"></td></tr>
<tr><td>理解</td></tr>
<tr><td>应用</td><td colspan="2" rowspan="2">获得学分</td><td colspan="2" rowspan="2"></td></tr>
<tr><td>……</td></tr>
<tr><td rowspan="5">项目成果</td><td>综合性</td><td colspan="2" rowspan="5">（等级制）</td><td colspan="2" rowspan="5"></td></tr>
<tr><td>完整性</td></tr>
<tr><td>应用性</td></tr>
<tr><td>创新性</td></tr>
<tr><td>……</td></tr>
</table>

二、对教师的评价

（一）课堂教学评价

教学评价是以教学目标为依据，运用可操作的科学手段，通过系统地收集有关的教学信息，对教学活动的过程和结果作出价值上的判断。教学评价在课程实施中具有教育导向和质量监控的重要作用。通过教学评价可提高教学的成效，促进课程目标的实现。新课程教学评价的特点是要注重评价的过程性、多元性、多样性和发展性。

对教师进行教学评价的目的是激励教师不断提高教育教学能力，帮助教师成长。通过评价促进地理教师课程执行能力、课程开发能力、课程创新能力的形成和发展。强调地理教师要对自己的教学行为进行分析与反思。学校要建立以地理教师自评为主，校长、教师、学生、家长共同参与的评价机制，使地理教师从多种渠道获得信息，不断调整、改进教学方法，提高教学水平。课堂是教学的主阵地，对教师的课堂教学进行评价可参照表5－6、表5－7。

表5－6　普通高中地理课堂教学评价指标

评价项目		评价等级			
		优秀	良好	合格	不合格
教学目标	1. 符合课程标准的程度				
	2. 符合学生实际的程度				
	3. 可操作的程度				
学习条件	4. 学习环境的创设				
	5. 学习资源的开发利用				
学习活动的指导与调控	6. 学习指导的范围和有效性				
	7. 教学过程调控的有效性				

续表

评价项目		评价等级			
		优秀	良好	合格	不合格
学生活动	8. 学生参与活动的态度				
	9. 学生参与活动的广度				
	10. 学生参与活动的深度				
课堂气氛	11. 课堂气氛的宽松程度				
	12. 课堂气氛的融洽程度				
教学效果	13. 目标达成度				
	14. 解决问题的灵活性				
	15. 学生的精神状态				
教师素养	16. 语言表达和板书				
	17. 教师精神面貌				
	18. 其他教学基本功				
学科特色	19. 读图、用图、绘图等技能训练				
	20. 合理组织地理考察与实践活动				
评价陈述					

表 5－7　普通高中教学水平评估课堂教学评价表

A. 执教教师及学校的基本情况							
姓名		性别		专业工作年限		专业技术职称	
学校		班级		时间			
B. 教学课题的基本情况							
课程名称		课程类型	1. 必修	2. 选修	3. 其他		
课题				讲授课时序号			
C. 评价的主要维度、评价指标和评价等级							

续表

评价维度	评价指标	权重	给分
教学目标	1. 多维目标明确，符合新课标、新教材要求，与学生自身的心理特征和认知水平相适应； 2. 能够激发学生的学习兴趣，重视学生学习习惯的养成和学习能力的培养； 3. 充分挖掘教材中的思想教育因素，寓情感态度与价值观教育于课堂教学的过程之中	7%	
教学内容	1. 准确把握教学内容逻辑，重点突出，难易适度 2. 注意联系学生生活、社会实际和学生已有的经验知识，有效拓展教学资源	8%	
教学实施	1. 教学思路清晰，每个环节紧紧围绕既定的教学任务与目标，突出重点和难点； 2. 课堂结构合理，知识的教学、技能的训练、能力的培养处理得当，符合教材内容要求，重在把知识转化为能力； 3. 善于运用启发性教学方法，教学方法灵活多样、得当，信息传递方式多元化，教学中互动模式多样； 4. 面向全体学生，兼顾个体差异，注重学生有效参与； 5. 课堂组织、调控能力强，对突发情况处理及时、恰当，能根据教学反馈信息及时调整教学活动； 6. 能为学生提供和创造适宜的学习条件和环境，为学生自主学习指明方向，创设探究情景，培养学生思维能力、创新能力及意识	25%	

续表

评价维度	评价指标	权重	给分
学生学法	1. 根据学生实际指导学法，善于引导学生自主学习、合作学习和探究学习，激发学生的学习兴趣； 2. 解决难点的方法有效，指导具有针对性、启发性、实效性； 3. 为学生的学习设计、提供、利用合理的学习资源，并促成新的学习资源的生成； 4. 课堂气氛和谐，师生关系融洽，绝大多数学生学习情绪高，积极参与课堂教学活动，思维活跃，保持浓厚的学习与探究愿望，不同层次的学生都参与； 5. 学生有自主学习的时间，体现经验建构和探究式的学习过程，培养学生独立思考的能力，能在学习中主动提出问题	25%	
教学效果	1. 学生在学习中有积极的情感体验，表现为好学、乐学、会学，并形成正确的价值观； 2. 学生能基本掌握课程标准所要求的知识和技能，在学会学习和解决实际问题方面形成一些基本策略； 3. 学生认真参与课堂教学评价活动，积极思维，敢于表达和质疑； 4. 时间利用得当，圆满完成教学任务，达到预期目标，不同层次学生都能学有所得，体验到成功的愉悦	25%	

续表

评价维度	评价指标	权重	给分
教师素养	1. 正确把握知识、思想和方法，重视教学资源的开发与整合。 2. 有较为丰富的组织和协调能力，有教改创新精神，有独特良好的教学风格。 3. 教学语言准确、精确、精练，有感染力，解决问题能力较强，板书工整、合理。 4. 现代教学技术手段设计应用适时适度，操作规范熟练	10%	

D. 综合评价意见

总评得分	
评价等级	
综合评价意见	

E. 评价人(执教教师、同行、专家)的基本情况

姓名		专业工作年限		专业技术职称		联系方式	

注:(1) 本评价表适用于普通高中“必修”和“选修”各个模块及校本课程。

(2) 本评价表的使用，旨在促进教师的自我反思和专业成长，引导教师改进课堂教学。

(3) 评价过程力求实事求是，宽严适度，重在激励，重在引导，评出方向，评出动力。

(4) 评分打分方法:六个评价维度分别使用百分制打分，乘以权重，计算得分。总评得分为各维度分值的相加得分。

(5) 综合评价意见要求评价人以简洁明了的语言，具体地表述对这堂课的意见，要充分肯定成绩，帮助总结经验，也要指出缺点甚至错误，以利提高课堂教学质量。

(6) 各评价等级标准的建议如下:

优(90 分以上):教学目标:定位准确，多维而有实际意义;教学内容:剪裁得当，难易适度，观点正确，逻辑清晰、联系实际，教学资源整合有效;教学过程:思路清晰，结构紧凑，调控得当，沟通有效，关系和谐，氛围积极愉悦;学习指引:启发性强,面向全体,注重个性,准确把握知识技能要点,突出能力培养;教学效果:知识技能掌握效果明显,学习情绪健康积极,有效促进学生的全面发展,在交流合作中达成教学相长;教师素养:语言准确精练而富有感染力,沟通协调能力突出,专业知识及基本功扎实,现代教育技术运用能力及教改创新意识强,有较强的信息搜集、整理和教学运用能力。

良(89~80分):教学目标:定位准确、多维;教学内容:剪裁得当,难易适度,观点正确,逻辑清晰;教学过程:思路明晰,结构合理,调控得当,沟通有效,关系和谐,氛围积极;学习指引:有启发性,面向全体,注重个性,把握知识技能要点,有能力培养意识;教学效果:知识技能掌握效果明显,学习情绪活跃,注意学生的全面发展,圆满完成教学任务;教师素养:语言准确,表达能力强,善于沟通协调,专业知识及基本功扎实,有现代教育技术运用能力及教改创新意识,有一定的信息搜集、整理和教学运用能力。

合格(79~60分):教学目标:定位准确,多维;教学内容:把握要点,观点正确;教学过程:结构合理,有调控、沟通能力,致力于营造积极和谐的学习氛围和环境;学习指引:努力尝试启发式教学,能够面向全体,把握教学重点;教学效果:知识技能掌握效果明显,能通过各种方法调动学生的学习情绪;教师素养:语言表达清晰准确,有一定的沟通协调能力,专业知识不出现错漏,积极尝试现代教育技术的运用,努力整合教学信息、资源。

不合格(59分以下):教学目标:定位单一,把握不全面;教学内容:不能把握要点,主次、轻重不分;教学过程:教学思路不清晰,结构混乱,不能有效调控学生的学习情绪;学习指引:照本宣科,学习内容试题化;教学效果:大多数学生不能有效掌握必要的知识技能;教师素养:组织学习能力、沟通协调能力差,专业知识出现错漏,教学方法满堂灌。

(二)高中地理教师专业发展评价

为贯彻落实教育部印发《中学教师专业标准(试行)》,促进高中地理教师理解和学习《中学教师专业标准(试行)》,明确自身专业发展方向,提高专业化发展水平,结合高中地理学科特点和教学要求,特将《中学教师专业标准(试行)》中专业知识和专业能力部分进行解读,以利于广大地理教师进一步学习和实施。

1. 专业知识

专业知识主要包括学科知识和学科教学知识两个方面。

学科知识

(1) 理解所教学科的知识体系、基本思想与方法。

① 掌握高中地理学科知识体系。

掌握自然地理知识体系,主要包括地球和宇宙环境的基础知识,人类赖以生存的自然地理环境的组成及特征,自然地理环境各要素之间的相互关系;掌握人文地理知识体系,主要包括人类活动对地理环境的影响,人文地理环境的形成和特点,可持续发展的意义及主要途径;掌握区域地理知识体系,主要包括建立区域空间概念,分析区域地理特征及其成因,比较区域差异,评价区域发展面临的主要问题和解决途径。

② 掌握高中地理学科基本思想观点与方法。

掌握地理学科的基本思想,如人地关系思想、可持续发展思想、因地制宜思想、空间尺度大小及其转换的思想等。掌握地理学科基本方法,如地图直观教学方法、空间关系分析方法、综合分析方法、区域比较的方法、地理调查、地理观察、地理实验、地理归纳与演绎方法等。

③ 了解地理学科发展沿革。

了解地理学科发展简史,即古代地理学、近代地理学、现代地理学的三个阶段,以及每一阶段人地关系思想的演变。了解地理学科发展前沿,尤其是地理学科的新成就、新发展。如地理学在陆地表层过程与格局、全球环境变化及其影响、自然资源开发与利用、生态环境建设、区域可持续发展、地球信息科学、技术与数字地球研究等前沿领域的发展与创新, 为促进地球系统科学的发展, 为协调人地关系等方面做出积极的贡献。

(2) 掌握所教学科内容的基本知识、基本原理与技能。

① 掌握高中地理基本知识和原理。

掌握自然地理基本知识,包括地球和宇宙环境的基础知识,自然地理环境的气候、水文、地形、岩石、土壤、生物等要素的特征,及各要素之间的相互关系;掌握人文地理知识,主要包括人口、城市、农业、工业、交通、商业等人文地理环境要素的形成和特点,以及人类活动对地理环境的影响和可持续发展的途径。掌握地理基本原理与规律，如自然地理中的昼夜长短变化原理、正午太阳高度变化原理、热力环流原理、水循环原理、板块构造原理、内外力作用的原理、地壳物质循环原理、自然地理环境的整体性原理。气压带风带移动规律、气候类型的分布规律、洋流的分布规律、自然地理环境的地域分异规律等。

② 掌握高中地理基本技能。

掌握获得地理知识和过程必不可少的基本技能，如绘制地理略图、板画的能力、选择、运用和制作地理直观教具的能力、地理图表阅读、地理观测、地理实验、地理调查的能力等。具有将地理学科知识和地理观点应用于实际的能力，如地理空间定位能力、地理空间格局的觉察能力、地理特征的综合分析能力、地理过程描述和预测能力、地理因果关系的分析与推理能力等。

（3）了解所教学科与其他学科的联系。

地理学科兼具自然科学和人文科学的性质，综合性是地理学科基本特点之一。地理学作为一门综合性学科，与其他学科有着广泛的联系。

① 了解高中地理学科与自然科学的联系。

自然地理内容与物理、化学、生物等学科有着密切联系。例如，对自然地理要素运动规律与数学、物理等学科的知识有密切的联系；环境污染、喀斯特地貌形成等地理知识的理解，需要用到化学知识；植物及其与环境关系、生态系统等地理知识与生物学科知识联系密切。

② 了解高中地理学科与人文科学的联系。

人文地理现象的形成与发展需要联系历史知识，如有关人口增长、分布、迁移的学习。许多地理问题都需要用政治学科辩证的、发展的观点分析，例如，我国东南部的平原地区，降水丰富、热量充足、土壤肥沃，对农业生产非常有利，但也有不利的地方，即易受水旱灾害的影响。人文地理环境及人文地理现象都处在不断的发展变化之中，因此，对于相关的信息需要用发展变化的视角分析。例如，工业区位因素在发生变化，市场对工业区位的吸引力越来越强，原料地对工业区位的吸引力越来越弱。

（4）了解所教学科与社会实践及共青团、少先队活动的联系。

① 了解高中地理学科教学与生活实践的联系。

地理环境对人们生活中的衣食住行有深刻的影响，尤其与民居、服饰、饮食、出行、旅游、疾病、防灾减灾等存在一定的联系。例如，我国南方地区多雨，房屋多为尖顶或人字形的屋顶，以避免屋顶积水而漏水；北方地区因降雨稀少，则多见平顶房。各地房墙也各具特色，在秦岭以北的关中地区，以土墙泥顶居多，秦岭以南的陕南地区多为砖墙瓦顶；在陕北地区，气候冬冷夏热，人们则利用黄土高原的地貌特点，开挖窑洞居住；在新疆还可见到半卧式住房，房子一半在地下，那是为了抵抗热风沙的袭击。

② 了解高中地理学科教学与社会生产的联系。

地理与社会生产联系密切，农业生产离不开自然地理环境的光热水土；工业生产的布局、地域分工、区际联系；交通运输、商贸、旅游资源开发与旅游区的规划等等，都与地理知识有密切的联系。地理学与社会发展密切相关，如人口剧增、资源过度消耗、水土流失、土地退化、森林遭毁、生物种类锐减、水资源短缺、自然灾害频发等已成为地理科学研究的重大课题。

③ 了解高中地理学科教学与共青团活动的联系。

学科教学知识

（1）掌握所教学科课程标准。

① 掌握高中地理课程性质、基本理念。

领会高中地理课程的综合性，理解地理环境地球表层各种自然要素、人文要素有机组合；领会高中地理课程的地域性，理解地理事物的空间分布和空间结构、地理事物的空间差异和空间联系、地理事物的空间运动、空间演变的规律。

阐述高中地理课程标准的五项基本理念，学习有关高中地理课程基本理念解读的参考文献，明确每一项理念的指向性要求，领会高中地理课程基本理念的价值取向，认识高中地理课程在素质教育中的地位和作用。

② 掌握高中地理课程目标。

阐释高中地理课程总体目标，领会高中地理课程目标的功能，尤其在教学目标的制定、课程内容的组织与优化、课程的实施、课程评价中的作用，理解高中地理课程目标三个领域的相互关系。

理解高中地理课程标准中“知识与技能”目标的详细规定，在实际教学中领会地理技能的培养对地理知识学习的促进作用，实现学生知能合一；理解高中地理课程标准对“过程与方法”目标的详细规定，了解地理学研究的一般过程，掌握地理学研究的一般方法，在实际教学过程中，引导学生参与过程，获得地理学习的方法；理解高中地理课程标准对“情感态度与价值观”目标的详细规定，注重培养学生道德意识、国家意识、全球意识、美感、学习兴趣与好奇心。

③ 掌握高中地理课程标准中具体的内容标准。

掌握内容标准中每一主题下的具体标准，理解每一具体标准中行为动词的含义，解读和细化每一具体标准，参考运用内容标准中的活动建议和实施建议，依据内容标准制定课时目标、处理教材内容、设计教学活动、实施教学评价。

④ 了解高中地理课程的设计思路、课程模块的基本框架。

了解高中地理课程分为共同必修课程与选修课程，必修课程或者选修课程都以模块为基本学习单元的设计思路。了解必修课程设计为“地理1”“地理2”“地理3”三个模块的递进关系。“地理1”以自然地理内容为主，包括地球的宇宙环境、地球的四大圈层、自然环境的整体性与差异性等传统内容，以“自然环境对人类活动的影响”作为总结，紧扣可持续发展这一核心论题。“地理2”以人文地理内容为主，包括人口与城市、工农业区位因素等经典内容，以“人类与地理环境的协调发展”结尾。“地理3”则以区域作为载体，介绍区域同人类的关系、区域的开发整治等。

（2）掌握所教学科课程资源开发与校本课程开发的主要方法与策略。

① 掌握高中地理学科课程资源开发的主要方法和策略。

充分利用学校地理课程资源，如利用教材以及教学所需的挂图、模型、标本、地理图书资料，自制各种地理教具、学具，开发各种地理教学软件;配置地理专用教室,建立地理园地。合理开发校外地理课程资源,如组织参观地理教育基地(气象台、天文馆、博物馆、区域自然地理环境和人文景观),组织和引导学生走进自然,参与社会实践。

② 掌握高中地理学科校本课程开发的主要方法和策略。

理解校本课程的含义和意义,即国家在课程计划中预留10% ~25%的余地,让学校自主地进行新的课程开发。其意义在于增强课程的适应性、支持学生的个性发展、促进学校的特色发展。围绕高中地理教材进行延伸、拓展;结合本地区特点开发地理课程,如本地区自然或人文地理特征,生活中的地理现象、环境的保护等;根据学生的兴趣设计活动课,如天文观察、气象观测、实地考察等。

③ 正确选择课程资源并进行整合。

要依据教学目标和教学内容,以及学生的兴趣和需要选择课程资源,进行有效整合,形成适合学生发展的学科课程和校本课程资源。

(3) 了解中学生在学习具体学科内容时的认知特点。

① 了解学生学习地理的认知特点和认知起点。

了解学生在地理学习中感知、记忆、想象、注意、思维等认知活动的特点,分析学生学习新的地理知识与原有的知识和生活经验的关系。如了解学生学习地理的基础,学生已经具备哪些知识与技能,哪些知识是学生通过努力自己能学会的,哪些是需要在老师的点拨和引导下才能学会,怎样的引导更符合学生的认知水平。

② 了解学生的心理特征和心理活动规律。

通过访谈了解学生学习的态度、兴趣和习惯,如了解学生对哪些内容感兴趣,乐于参与什么样的教学活动,根据学生学习的心理特征和规律,有效选择学习内容和设计学生活动。

(4) 掌握针对具体学科内容进行教学和研究性学习的方法与策略。

① 掌握高中地理学科教学方法的特点和功能。

如学案导向法、地理图示法、地理教具演示法、情境体验法、合作探究等教学方法的优缺点、适用范围、实施步骤、运用要求等。如区域地理学习的一般方法是,建立区域空间概念—比较区域地理特征—分析区域地理特征的成因—比较区域差异—评价区域发展。

② 合理选择与使用教学方法。

能够根据地理教学内容的特点，学生已有的地理知识与技能水平，教学设备状况等,选择与之相适应的教学方法,设计所选择方法的运用程序,在地理教学过程中，能根据实际情况，灵活运用地理教学方法。如对于空间地理事物分布的教学采用教具、图片直观演示法,针对地理教学内容具有区域性、综合性的特点,通过比较、分析、综合的方法,引导学生合作探究。

③ 掌握高中地理学科研究性学习的方法与策略。

了解研究性学习的基本含义;了解研究性学习的基本特征;掌握高中地理学科研究性学习活动要达成的目标;掌握高中地理学科研究性学习活动的实施分类(课堂研究类和活动设计类);明确高中地理研究性学习活动的组织形式;掌握高中地理学科研究性学习实施步骤;明确高中地理学科研究性学习活动中教师的角色更新。

2. 专业能力

专业能力主要包括教学设计能力、教学实施能力、教育教学评价能力、反思与发展能力。

教学设计能力

(1) 科学设计教学目标和教学计划。

① 科学设计教学目标。

掌握教学目标设计的原则,依据课程标准、教学内容和学生情况合理设计课时目标、单元目标、学期目标,要在充分研究学情的基础上确立好目标层次,规范、具体、准确表述知识与技能、过程与方法、情感态度与价值观三维目标,并使目标设计便于观察、测量、评价。

② 科学设计教学计划。

依据课程标准、教学内容和学生情况制定课时计划、单元计划、学期计划,计划应包含教学时间、教学目标,教学内容、师生活动、课程资源、评价措施等内容。

(2) 合理利用教学资源和方法设计教学过程。

① 了解高中地理学科教学资源和方法的种类。

高中地理学科的课程资源包括:文字资源、音像资源、实践活动资源和信息化资源等,收集与地理课程相关的教学资源,进行分析、研究、整合。如分析地理教材,分析地理教材的整体结构、编者意图,分析教材的知识点、能力点、思想点、重点、难点,能够根据学生的知识水平、教材内容特点,灵活地处理教材,注意弥合学习内容与学生认知水平之间的差距,能对教材作必要的补充、修正。

② 利用教学资源和方法有效设计教学过程。

掌握设计教学过程的基本方法和要求,即根据课程标准、教学内容、学生实际科学、准确设计教学目标;依据课堂教学目标设计地理教学的顺序与课堂教学结构,根据实际情况选择和利用教学资源,采取有效方法,设计课堂导入,问题情境、学生活动、媒体演示、板书设计、达标检测等教学过程。教学设计要规范合理,体现实效性和创新性。

(3) 引导和帮助学生设计个性化的学习计划。

① 引导和帮助学生设计个性化的学习计划。

帮助学生了解个人的学习习惯、学习方式和学习风格,引导学生根据自身的兴趣和能力制定课前预习计划、课后复习计划,单元、期中、期末复习计划。

② 引导学生使用学习计划评价个人学习。

引导学生根据自己制定的个性化的学习计划,科学合理安排学习时间,定期自我分析、评价自己的学习成效,改进和完善学习计划。

教学实施能力

(1) 营造良好的学习环境与氛围,激发与保护学生的学习兴趣。

① 营造舒适、和谐的教学环境。

树立民主、平等的教学观念，明确教师角色定位，以引导者、发动者、服务者的身份进行倾听与交流，鼓励学生发表不同的见解并积极予以接纳，对课堂上学生出现的问题行为能采取宽容的态度，努力营造一种开放、安全、和谐的课堂教学氛围。

② 激发与保护高中生的学习兴趣。

根据课堂中的学生活动，引导学生积极参与，认真倾听，及时鼓励，激发学生的学习兴趣，激发学生持久的学习动机，以稳妥的方式处理课堂中的突发事件，并将课堂突发事件转化为教育契机。

（2）通过启发式、探究式、讨论式、参与式等多种方式，有效实施教学。

① 领会以上教学方式的内涵、特征。

如领会探究式学习的含义、学习特点、基本步骤、适用范围、注意事项等。

② 选择和有效实施以上教学方式。

采用启发式、探究式、讨论式和参与式等多种学习方式，有效实施教学。如根据教学目标和教学内容，组织小组讨论，组织活动时能够恰当分组、有效分工、控制时间、及时评价，能够调动每个学生参与活动的积极性，并对活动过程中出现的问题进行恰当处理。再如参与式学习步骤如下：提出目标和明确任务—自主学习和适时指导—合作释疑和互助研讨—启发引导和点拨精讲—即时训练和整理提高。

（3）有效调控教学过程，合理处理课堂偶发事件。

① 调控教学时间和教学节奏。

根据教学目标和任务调控教学时间和教学节奏，根据学情，灵活调整教学设计各环节的时间分配，并对教学内容做出取舍。不拘泥于课前预设的时间安排。课堂上安排学生独立思考、合作学习、练习、实验等学习活动，要保证学生有充分的时间，在大多数学生完成学习任务的前提下再组织下一环节的教学。

② 调控教学内容和进程。

设计合理的教学容量，能够根据教学反馈的信息，对教学内容和进程进行调整，能够准确把握教学设计的思路。学习任务布置务必让全体学生明确“做什么”与“怎么做”,活动过程中要采用巡视、访谈等形式全面了解学生完成任务的进度、质量、不同的方法以及存在的共性问题,对未能按照要求完成任务的学生及时进行督促和指导。

③ 合理处理课堂偶发事件。

增强课堂教学的预见性和应变能力,能够抓住课堂生成的问题进行拓展,对课堂可能出现的偶发事件敏锐观察,沉着冷静,有应对的办法,可采取因势利导,诙谐幽默恰当的课堂管理手段化解冲突,使地理课堂教学富于效率与秩序。

(4) 引发学生独立思考和主动探究,发展学生创新能力。

① 引导学生独立思考和主动探究。

采取能够引发学生独立思考,主动探究的学习方式,如通过创设问题情境,激发学生独立思考,善于表达,引导学生从现实生活与自身体验出发,提出地理问题,鼓励积极探究,帮助学生掌握科学思考和探究的方法,养成独立思考和主动探究的习惯。

② 培养和发展学生创新能力。

激发学生对地理问题的兴趣,引导学生主动经历观察、操作、讨论、质疑、探究的过程,富有个性地发表自己的见解,鼓励学生善于发现问题、提出问题,大胆尝试解决问题,发展学生的创新能力。

(5) 将现代教育技术手段整合应用到教学中。

① 认识现代教育技术手段有效应用到教学中的作用。

能够认识到教育技术的有效应用对于推进教育信息化、促进教育改革和实施国家课程标准的重要作用。如现在教育技术手段可以提高学生学习兴趣,调动学生学习积极性,丰富教学内容和形式,从而优化教学过程,促进学生个性化的学习等。

② 根据教学目标和内容合理选择和使用现代教育技术手段。

收集网上资源,制作多媒体课件,多媒体课件的制作和选择要符合教学目标和教学内容,符合地理学科的教学要求,且操作规范熟练,同时,要注意媒体数量和插入时机及课堂的有序,不能喧宾夺主,不能用课件替代知识的形成过程。

教育教学评价能力

（1）利用评价工具，掌握多元评价方法，多视角、全过程评价学生发展。

① 利用评价工具，掌握多元评价方法。

能够利用课堂提问、活动观察、描述性评语、问卷测验等方法，分析学生在学习某一内容时的知识结构、态度表现、学习效果，并及时利用评价结果促进学生学习。能够结合具体的教学内容，根据相应的地理评价标准，编制课堂训练、单元测试、期中考试、期末考试、高考模拟试卷，评价学生的学业水平。

② 多视角、全过程评价学生发展。

结合具体的教学活动，评价学生的学习态度、学习行为、学习能力以及情感、态度价值观方面的表现。将学习过程评价和学习结果评价相结合，形成性评价与终结性评价相结合，定性评价与定量评价相结合，反思性评价与鼓励性评价相结合。

（2）引导学生进行自我评价。

① 引导学生制定自我评价的标准。

引导学生根据自己的学习能力和学习条件，制定自我评价的标准。

② 引导学生进行自我评价和反思。

引导学生根据自我评价标准，定期评价自己的学习效果，既注重学习结果，也要注重学习过程，并进行自我反思和自我矫正。

（3）自我评价教育教学效果，及时调整和改进教育教学工作。

① 认识自我评价的意义。

认识自我评价的意义，形成自我评价的主动性。

② 自我评价教育教学效果。

依据评价原则和评价标准，反思教学行为和教学效果，对自己的教学工作主动做出评价。

③ 及时调整和改进教育教学工作。

利用评价结果，客观、准确地找到自己教学中成败的各项因素，总结教育教学中存在的问题及原因，形成有效的改进策略和方法。

反思与发展能力

（1）主动收集分析相关信息，不断进行反思，改进教育教学工作。

① 主动收集分析相关信息。

主动听取学生、家长对自己在教育教学方面的意见，善于接受同事、专家和领导的评价和建议，通过撰写教学反思，教学叙事，从观念和行为上进行反思，形成反思习惯，积累反思材料。

② 不断改进教育教学工作。

根据自己的反思和他人的评价，自我反省，并能根据反思结果及时调整教育教学策略，持续改进自己的教育教学行为。

（2）针对教育教学工作中的现实需要与问题，进行探索和研究。

① 总结地理学科教育教学工作中的现实需要与问题。

明确时代发展对地理教师提出的新要求，结合自身实际，总结发现在教育教学中存在的问题。

② 针对现实需要与存在问题，进行探索和研究。

对总结的问题进行深入分析和研究，尝试提出改进策略，并对研究结果进行理论提升。

（3）制订专业发展规划，积极参加专业培训，不断提高自身专业素质。

① 制订个人专业发展规划。

认识自我专业发展的基础，根据自身特点和客观环境，制订切合实际的专业发展目标，按照一定的时间安排，制订阶段发展规划。

② 采取必要的行动策略。

依据目标和计划，采取必要的行动策略。如，积极参加岗位专业培训，完成规定培训学时，达到规定学分；又如，不断学习教育理论，将理论与自身教育实践相结合，坚持开展行动研究，及时总结经验，不断开展教育科研，并形成阶段性的科研成果。

（三）教师教学水平评价量表

对教师教学水平的评价，可以参考表 5 – 8。

表 5 – 8　普通高中教师教学水平评价量表

A. 执教教师及学校的基本情况

姓名		性别		专业工作年限		专业技术职称	
学校			班级		时间		

B. 教学课题的基本情况

课程名称		课程类型	1. 必修	2. 选修	3. 其他
课题				讲授课时序号	

C. 评价的主要维度、评价指标和评价等级

评价维度	评价指标	权重	得分
教学目标	1. 多维目标明确，符合新课标、新教材要求，与学生自身的心理特征和认知水平相适应 2. 能够激发学习兴趣，重视学习习惯的养成和学习能力的培养 3. 充分挖掘教材中的思想教育因素，寓情感、态度和价值观教育于课堂教学的过程之中	7%	
教学内容	1. 准确把握教学内容逻辑，重点突出，难易适度 2. 注意联系学生生活、社会实际和学生已有的经验知识，有效拓展教学资源	8%	
教学实施	1. 教学思路清晰，每个环节紧紧围绕既定的教学任务与目标，突出重点和难点 2. 课堂结构合理，知识的教学、技能的训练、能力的培养处理得当，符合教材内容要求，重在把知识转化为能力	25%	

续表

评价维度	评价指标	权重	得分
教学实施	3. 善于运用启发性教学方法，教学方法灵活多样、得当，信息传递方式多元化，教学中互动模式多样 4. 面向全体学生，兼顾个体差异，注重学生有效参与 5. 课堂组织、调控能力强，对突发情况处理及时、恰当，能根据教学反馈信息及时调整教学活动 6. 能为学生提供和创造适宜的学习条件和环境，为学生自主学习指明方向，创设探究情景，培养学生思维能力、创新能力及意识		
学生学法	1. 根据学生实际指导学法，善于引导学生自主学习、合作学习和探究学习，激发学生的学习兴趣 2. 解决难点的方法有效，指导具有针对性、启发性、实效性 3. 为学生的学习设计、提供、利用合理的学习资源，并促成新的学习资源的生成 4. 课堂气氛和谐，师生关系融洽，绝大多数学生情绪高，积极参与课堂教学活动，思维活跃，保持浓厚的学习与探究愿望，不同层次的学生都参与 5. 学生有自主学习的时间，体现经验建构和探究式的学习过程，培养学生独立思考的能力，能在学习中主动提出问题	25%	
教学效果	1. 学生在学习中有积极的情感体验，表现为好学、乐学、会学，并形成正确的价值观 2. 学生能基本掌握课程标准所要求的知识和技能，在学会学习和解决实际问题方面形成一些基本策略 3. 学生认真参与课堂教学评价活动，积极思维，敢于表达和质疑	25%	

续表

评价维度	评价指标	权重	得分
教学效果	4. 时间利用得当,圆满完成教学任务,达到预期目标,不同层次学生都能学有所得,体验到成功的愉悦		
教师素养	1. 正确把握知识、思想和方法,重视教学资源的开发与整合 2. 有较为丰富的组织和协调能力,有教改创新精神,有独特良好的教学风格 3. 教学语言准确、精确、精练,有感染力,问题解决能力较强,板书工整、合理 4. 现代教学技术手段设计应用适时适度,操作规范熟练	10%	

D. 综合评价意见

总评得分	
评价等级	
综合评价意见	

E. 评价人(执教教师、同行、专家)的基本情况

姓名		专业工作年限		专业技术职称		联系方式	

注:(1) 本评价表适用于普通高中“必修”和“选修”各个模块及校本课程。

(2) 本评价表的使用,旨在促进教师的自我反思和专业成长,引导教师改进课堂教学。

(3) 评价过程力求实事求是,宽严适度,重在激励,重在引导,评出方向,评出动力。

(4) 评分打分方法:六个评价维度分别使用百分制打分,乘以权重,计算得分。总评得分为各维度分值的相加得分。

(5) 综合评价意见要求评价人以简洁明了的语言,具体地表述对这堂课的意见,要充分肯定成绩,帮助总结经验,也要指出缺点甚至错误,以利提高课堂教学质量。

(6) 各评价等级标准:

优(90 分以上):教学目标:定位准确,多维而有实际意义;教学内容:剪裁得当,难易适度,观点正确,逻辑清晰、联系实际,教学资源整合有效;教学过程:思路清晰,结构紧凑,调控得当,沟通有效,关系和谐,氛围积极愉悦;学习指引:启发性强,面向全体,注重个性,准确把握知识技能要点,突出能力培养;教学效果:知识技能掌握效果明显,学习情绪健康积极,有效促进学生的全面发展,在交流合作中达成教学相长;教师素养:语言准确精练而有感染力,沟通协调能力突出,专业知识及基本功扎实,现代教育技术运用能力及教改创新意识强,有较强的信息搜集、整理和教学运用能力。

良(89～80分):教学目标:定位准确、多维;教学内容:剪裁得当,难易适度,观点正确,逻辑清晰;教学过程:思路明晰,结构合理,调控得当,沟通有效,关系和谐,氛围积极;学习指引:有启发性,面向全体,注重个性,把握知识技能要点,有能力培养意识;教学效果:知识技能掌握效果明显,学习情绪活跃,注意学生的全面发展,圆满完成教学任务;教师素养:语言准确,表达能力强,善于沟通协调,专业知识及基本功扎实,有现代教育技术运用能力及教改创新意识,有一定的信息搜集、整理和教学运用能力。

合格(79～60分):教学目标:定位准确,多维;教学内容:把握要点,观点正确;教学过程:结构合理,有调控、沟通能力,致力于营造积极和谐的学习氛围和环境;学习指引:努力尝试启发式教学,能够面向全体,把握教学重点;教学效果:知识技能掌握效果明显,能通过各种方法调动学生的学习情绪;教师素养:语言表达清晰准确,有一定的沟通协调能力,专业知识不出现错漏,积极尝试现代教育技术的运用,努力整合教学信息、资源。

不合格(59分以下):教学目标:定位单一,把握不全面;教学内容:不能把握要点,主次、轻重不分;教学过程:教学思路不清,结构混乱,不能有效调控学生的学习情绪;学习指引:照本宣科,学习内容试题化;教学效果:大多数学生不能有效掌握必要的知识技能;教师素养:组织学习能力、沟通协调能力差,专业知识出现错漏,教学方法满堂灌。